# DO ABC AO INFINITO

## Da Mediunidade e Das Comunicações Espíritas

4º VOLUME

**José Náufel**
Advogado. Professor. Expositor do Instituto de Cultura
Espírita do Brasil

# DO ABC AO INFINITO

## Estudo Sistematizado da Doutrina Espírita

## ESPIRITISMO EXPERIMENTAL

### FENOMENOLOGIA E MEDIUNIDADE

4º VOLUME

### DA MEDIUNIDADE E DAS COMUNICAÇÕES ESPÍRITAS

FEDERAÇÃO ESPÍRITA BRASILEIRA
DEPARTAMENTO EDITORIAL
Rua Souza Valente, 17
20941-040 — Rio-RJ — Brasil

**ISBN 85-7328-184-7**

**2ª edição (1ª ed. FEB)**

*Do 2º ao 6º milheiro*

Capa de DOUGLAS MARTINS

B.N.

57-BB; 000.5-O; 1/1999


*(Casa-Máter do Espiritismo)*
Av. L-2 Norte — Q. 603 — Conjunto F
70830-030 — Brasília, DF — Brasil

*Fotolitos e impressão* offset *das*
*Oficinas do Departamento Gráfico da FEB*
*Rua Souza Valente, 17*
*20941-040 — Rio de Janeiro, RJ — Brasil*
*CNPJ nº 33.644.857/0002-84* *I.E. nº 81.600.503*
INTERNET
http://www.febrasil.org.br

**Pedidos de livros à FEB — Departamento Editorial, via Correio ou, em grandes encomendas, via rodoviário: por carta, telefone (021) 589-6020, ou FAX (021) 589-6838.**

CIP-BRASIL. CATALOGAÇÃO-NA-FONTE

SINDICATO NACIONAL DOS EDITORES DE LIVROS, RJ.

M234d
2. ed.

Naúfel, José, 1929-
Do ABC ao infinito, 4º volume : estudo sistematizado da doutrina espírita / José Naúfel ; segundo os ensinos dados por Espíritos Superiores, recebidos e coordenados por Allan Kardec. — Rio de Janeiro : Federação Espírita Brasileira, 1998

Conteúdo: Espiritismo experimental : Fenomenologia e mediunidade — Da mediunidade e das comunicações espíritas
ISBN 85-7328-184-7.

1. Espiritismo. 2. Mediunidade. I. Título.

98-1922. CDD 133.9
CDU 133.7

041298 081298 006405

# ÍNDICE
## Terceira Parte

# TERCEIRA PARTE

## DA MEDIUNIDADE E DAS COMUNICAÇÕES ESPÍRITAS

# TERCEIRA PARTE

## DA MEDIUNIDADE E DAS COMUNICAÇÕES ESPÍRITAS

## Capítulo I

# A MENTE

*Sumário: O que é a mente. - Campo mental. - Energismo mental. -Onde se fala em psiquê. - Mente: o psiquismo integral. - Corpo mental e corpo espiritual. - O ser integral.*

## O que é a mente

1 - A mente do homem não é abstrata, como abstrato não é o pensamento. Noutras palavras, embora não se possa dizer que a mente seja especificamente material, também não é ela imaterial, no sentido absoluto.

A mente existe, portanto é algo. Tem consistência específica, que se manifesta noutro plano vibratório. Ela se situa na alma. O cérebro é o seu veículo físico, ou, como conceitua André Luiz, "o cérebro é o órgão sagrado de manifestação da mente, em trânsito da animalidade primitiva para a espiritualidade humana".[1]

Há estreita interação entre a mente e o cérebro, que é o instrumento que serve para sua manifestação.

O pensamento flui, em forma de energia, do campo espiritual para o campo mental, onde se torna matéria mental e se agita, nos mais diversos tipos de vibrações, formando correntes mentais e ondas, que encontram seus correspondentes nas correntes elétricas do cérebro e nas ondas cerebrais.

---

1 Aut. cit., em *No Mundo Maior*, psicog. de F. C. Xavier, FEB, 10ª ed., p. 59.

O eletroencefalograma - EEG - detecta essas ondas mentais (para a Ciência, ondas cerebrais, consideradas resultantes dos impulsos nervosos do cérebro), que são classificadas em diversos tipos, que configuram os ritmos cerebrais. Estes podem ser normais, como também podem caracterizar disritmias e arritmias, denunciadoras de estados patológicos, ou de anormalidades psíquicas.

## Campo mental

2 - André Luiz nos fornece a chave do entendimento relativo ao campo mental e aos efeitos que este gera na matéria cerebral.

Diz ele que, "da matéria mental dos seres criados, estudamos o pensamento ou fluxo energético do campo espiritual de cada um deles, a se graduarem nos mais diversos tipos de onda, desde os raios super-ultra-curtos, em que se exprimem as legiões angélicas, através de processos ainda inacessíveis à nossa observação, passando pelas oscilações curtas, médias e longas em que se exterioriza a mente humana, até as ondas fragmentárias dos animais, cuja vida psíquica, ainda em germe, somente arroja de si determinados pensamentos ou raios descontínuos".[2]

## Energismo mental

3 - O pensamento das criaturas, fluindo do campo espiritual, ou, mais especificamente, do campo mental para o campo cerebral, gera ondas, às quais se aplicam os mesmos princípios da mecânica ondulatória.

Vamos encontrar no energismo mental, como fatores dinâmicos, as mesmas partículas estudadas no átomo: os núcleos, os nêutrons, os prótons, os elétrons e os fótons. Só que aí não temos

---

2 Aut. cit., em *Mecanismos da Mediunidade*, psicog. de F. C. Xavier e Waldo Vieira, FEB, 4ª ed., p. 44.

exatamente o átomo do plano físico, isto é, do plano vibratório material, mas o seu correspondente noutro plano vibratório mais sutil - o plano psíquico - podendo-se denominar esse átomo mais fluídico, mais etéreo - como o faz o Dr. Hernani Guimarães Andrade - de psi-átomo. O seu comportamento, no entanto, é o mesmo do átomo conhecido e estudado em Física.

4 - O átomo é o sistema que constitui a unidade primordial de tudo o que existe, sendo encontrado nos vários planos com as características vibratórias próprias a cada um deles. Os princípios que o regem são, todavia, os mesmos nesses diversos planos.

O pensamento é o responsável por todas as criações. O pensamento do Criador é a causa primária do Universo, de todas as coisas, visíveis e invisíveis. Tudo foi plasmado no Fluido Elementar, ou Hálito Divino, como expressão do seu pensamento.

5 - Pelo pensamento, que é emanação mental, fluido originário do campo espiritual, as criaturas plasmam seu destino, no exercício do livre-arbítrio, segundo os graus evolutivos que vão conquistando. André Luiz no-lo assevera, nestas expressivas palavras:

"Corpúsculos mentais - Como alicerce vivo de todas as realizações nos planos físico e extrafísico, encontramos o pensamento por agente essencial. Entretanto, ele ainda é matéria - a matéria mental - em que as leis de formação das cargas magnéticas ou dos sistemas atômicos prevalecem sob novo sentido, compondo o maravilhoso mar de energia sutil em que todos nos achamos submersos e no qual surpreendemos elementos que transcendem o sistema periódico dos elementos químicos conhecidos no mundo.

Temos, ainda aqui, as formações corpusculares, com base nos sistemas atômicos em diferentes condições vibratórias, considerando os átomos, tanto no plano físico, quanto no plano mental, como associações de cargas positivas e negativas.

"Isso nos compele naturalmente a denominar tais princípios de "núcleos, prótons, nêutrons, pósitrons, elétrons ou fótons mentais", em vista da ausência de terminologia analógica para estruturação mais segura de nossos apontamentos.

"Assim é que o halo vital ou aura de cada criatura permanece tecido de correntes atômicas sutis dos pensamentos que lhe são próprios ou

**habituais, dentro de normas que correspondem à lei dos "quanta de energia" e aos princípios da mecânica ondulatória, que lhes imprimem freqüência e cor peculiares.**

**"Essas forças, em constantes movimentos sincrônicos ou estado de agitação pelos impulsos da vontade, estabelecem para cada pessoa uma onda mental própria".[3]**

## Onde se fala em psiquê

6 - Até aqui, estivemos falando da mente no seu sentido amplo, do modo em que o termo é usado, tanto na área das ciências psíquicas, quanto da Metafísica nas suas várias correntes.

É curioso que nos compêndios de Psicologia e nos livros que tratam do psiquismo humano não se encontre o conceito, uma definição precisa, de mente. Pelo menos, nos muitos que tenho consultado, embora não tenha a pretensão de ter estendido muito longe minhas modestas pesquisas. Mas, naquilo que é curial, no que se pode esperar dos "cientistas da mente", não tenho achado a tão desejada definição.

Aqueles a quem a matéria está afeta, do ponto de vista didático e profissional, costumam dizer que mente é a *psiquê*, como se a substituição do termo vernáculo pela palavra grega (*psiché*) pudesse esclarecer alguma coisa.

Os dicionários, por sua vez, não atendem a essa necessidade. De modo geral, registram mente como sinônimo de intelecto, no sentido estrito. No sentido amplo, definem o termo como vontade (ex: *de boa mente*), tendência, índole, etc.

Parece, no entanto, que há um consenso no sentido de que o conceito de mente é intuitivo. Todo mundo, em princípio, sabe o que é a mente, embora ninguém saiba ou procure defini-la.

Também não pretendo fazê-lo, porque, por mais que o tentasse, estaria sempre sujeito a restringir seu conceito a um ponto de vista limitado a determinada idéia, de ordem filosófica, científica

---

3 Ob. cit., p. 45.

ou religiosa. Por outro lado, podemos dizer que a mente ainda é a grande desconhecida, apesar do esforço dispendido por notáveis estudiosos da alma para penetrar nos seus meandros.

7 - No Dicionário Aurélio, encontra-se o conceito de psiquê como "a alma, o espírito, a mente", e a referência de que, na Mitologia grega, "psique era a personificação da alma".

Embora deparemos aí com um conceito ainda igualmente vago, a referência a alma e a espírito já sugere alguma coisa, ou seja, que a mente está em íntima ligação com o Espírito (ao grafarmos espírito com E maiúsculo, já estamos estabelecendo a conotação espírita).

Isso significa que, mesmo do ponto de vista comum, como o do dicionarista citado, a mente diz respeito ao espírito, ou à alma, que, no sentido aceito por todos, é a parte, ou o princípio imaterial do ser humano.

É óbvio que este conceito não será aceito pelos materialistas. Para estes, não existe o Espírito, sendo a mente apenas a *psiquê*, a parte nobre, algo de superior que orienta o ser humano, mas que se extingue com a morte do corpo físico.

Chegamos, assim, ao ponto em que iniciamos o estudo da mente.

## Mente: o psiquismo integral

8 - Para fins didáticos, vamos estabelecer dois sentidos para a palavra mente: um amplo e outro restrito.

No sentido amplo, a mente abrange o psiquismo integral. Entendemos por psiquismo o campo mental na sua totalidade, ou seja, o campo de manifestação do Espírito, tanto como individualidade, quanto como personalidade.

A individualidade, relembremos, é a entidade cósmica permanente (o Espírito propriamente dito), ao passo que a personalidade é o ser revestido de corpo físico, ou seja, a pessoa transitória (a personalidade só tem duração enquanto o Espírito está encarnado).

O psiquismo a que nos referimos aqui diz respeito à mente integral, a todo o seu conteúdo, formado pelo conjunto de sua essência, acrescida da sua "bagagem", atual e pretérita, abrangendo também o inconsciente e o consciente, o superconsciente, a memória, o intelecto e todas as suas faculdades, como a de pensar e a de ter sentimentos.

No sentido restrito, a mente compreende apenas o intelecto.

## Corpo mental e corpo espiritual

9 - A mente integra a essência do Espírito propriamente dito.

O corpo mental, diríamos, está para o Espírito propriamente dito como o duplo etérico está para o perispírito.

Baseamos esta nossa convicção no conceito que André Luiz nos dá de *corpo mental:*

"O corpo mental, assinalado experimentalmente por diversos estudiosos, é **o envoltório sutil da mente**, e que, por agora, não podemos definir com mais amplitude de conceituação, além daquela com que tem sido apresentado pelos pesquisadores encarnados, e isto por falta de terminologia adequada no dicionário terrestre". (O negrito não é do original.) [4]

Esse conceito é fornecido em nota de pé de página no capítulo em que o Autor espiritual citado trata do Corpo espiritual, assim iniciando o seu estudo:

"Retrato do corpo mental. - Para definirmos de alguma sorte, o corpo espiritual, é preciso considerar, antes de tudo, que ele não é reflexo do corpo físico, porque, na realidade, é o corpo físico que o reflete, tanto quanto ele próprio, o corpo espiritual, retrata em si o corpo mental que lhe preside à formação". (Os destaques são nossos.)

---

4 Aut. cit., em *Evolução em Dois Mundos*, psicog. de F. C. Xavier e Waldo Vieira; FEB, 7ª ed., cap. II, *Corpo espiritual*, p. 24, nota de rodapé.

10 - Ora, se o corpo mental é o envoltório sutil da mente, obviamente o perispírito não é o único elemento intermediário entre o Espírito e o corpo físico.[5]

A mente, que integra o Espírito propriamente dito, possui um envoltório - o corpo mental - que há de ser mais quintessenciado do que o perispírito, um corpo sutil, que é o modelador do corpo espiritual. Logo, esse corpo mental é o intermediário entre o Espírito e o perispírito, da mesma forma que o duplo etérico faz a ligação entre o perispírito e o corpo físico.

## O ser integral

11 - Temos assim que o ser humano é constituído, na ordem crescente de densidade, da seguinte forma: a) o *Espírito propriamente dito*, constituído pelo *Espírito-centelha* e pela *mente*; b) o *corpo mental*; c) o *corpo espiritual*, compreendendo o *perispírito propriamente dito* e o *duplo etérico*; e, d) o *corpo somático*, ou *corpo físico*.

12 - O corpo físico é temporário, porquanto, ao fim do período encarnatório, se extingue pela morte e se decompõe; suas partículas atômicas voltam a integrar-se na Natureza e vão formar novos corpos, orgânicos ou inorgânicos.

O *duplo-etérico* normalmente acompanha o corpo físico e, juntamente com este, é inumado, cremado ou jogado ao mar. Em determinados casos, quando a alma é muito apegada às coisas materiais, ele continua, por algum tempo, agregado ao *corpo psicossomático* (denominação do corpo espiritual após a morte), até que haja suficiente evolução espiritual para que se desprenda e volte à matéria disseminada na crosta planetária.

---

5 Não se veja aqui qualquer restrição ao que Allan Kardec ensina n' *O Livro dos Espíritos*, porquanto o perispírito é efetivamente elemento intermediário entre o Espírito e o corpo físico. À época, ainda não havia sido revelada a existência do corpo mental. A omissão desse detalhe, só posteriormente conhecido, não infirma a tese. Kardec não falou também em *duplo etérico*, que somente mais tarde foi estudado, como parte integrante do perispírito.

13 - O *perispírito propriamente dito*, algo modificado na sua estrutura eletromagnética e transformado em *corpo psicossomático*, continua ligado ao corpo mental e passa a constituir o novo veículo físico do Espírito (expressão corpórea), enquanto este continuar, encarnado ou errático, no nosso planeta.

Se o Espírito passar a outro mundo, superior ou inferior,[6] muda de envoltório, revestindo-se de novo perispírito, tecido com o fluido universal peculiar ao respectivo globo. Na sua caminhada ascencional, esse envoltório vai sendo substituído por outro (sempre que passa de um mundo a outro mais elevado), cada vez mais etéreo, mais quintessenciado, mais diáfano e luminoso.

14 - A esse propósito, lê-se na Questão 186 d'*O Livro dos Espíritos*:

> *186. Haverá mundos onde o Espírito, deixando de revestir corpos materiais, só tenha por envoltório o perispírito?*
>
> "Há e mesmo esse envoltório se torna tão etéreo que para vós é como se não existisse. Esse o estado dos Espíritos puros."

É de supor-se, portanto, que, atingindo o ser a condição de Espírito puro, o respetivo perispírito seja tão etéreo que não se distinga mais do corpo mental. Pelo menos a sua "bagagem" vai-se unificando e homogeneizando, de modo a transformar-se num todo uniforme. Os centros da memória perispiritual, por exemplo, deixarão de ter departamentos estanques, relativos à memória pretérita e à memória atual, para transformar-se numa memória única e plena.

Não mais haverá também *inconsciente, subconsciente e consciente*. Todas essas "camadas psíquicas" - expressão que usamos à falta de palavras próprias no nosso vocabulário - vão-se transferindo paulatinamente, na medida da evolução, para o corpo

---

6 O Espírito não retrograda quanto à sua condição intrínseca, mas pode ser mandado para um mundo inferior, compatível com sua natureza rebelde, por ocasião da chegada de novos tempos, isto é, quando o mundo que habitava passa a uma categoria superior na escala cósmica. (V. LE, 178, *a* e *b*.)

mental e, deste para o Espírito-centelha, a ele incorporando-se definitivamente, quando alcançada a perfeição relativa.

É óbvio que o corpo mental, cuja natureza não é transitória como a do corpo espiritual, mas sim, parte integrante e permanente do Espírito propriamente dito, passa por evolução análoga à do corpo espiritual, porém em grau maior.

Ao fim da escalada evolutiva, alcança-se a plenitude da mente e a consciência integral do Espírito puro, no plano angélico do eterno presente.

# Capitulo II

# FISIOLOGIA DA MENTE

*Sumário: Níveis e ritmos mentais. - Desenvolvimento mental e controle da mente. - Mecanismos da mediunidade. - Ondas e percepções.*

## Níveis e ritmos mentais

1 - As partículas mentais, deslocando-se em vários sentidos, sob os impulsos formadores do pensamento, dão origem a *vibrações.*[1]

As vibrações mentais produzem ondas, que assumem padrões diversos, de acordo com o ritmo, que pode ser medido em ciclos, ou *hertzes*, como acontece com todas as oscilações. Essa medição no campo cerebral, que, na matéria, corresponde ao campo mental, é feita por um aparelho chamado eletroencefalógrafo, tendo como resultado o eletroencefalograma, ou EEG.

As ondas cerebrais constituem, assim, um tipo de energia elétrica produzida pelo cérebro. A freqüência desse ritmo oscilatório é medida, como já dissemos, em ciclos por segundo - CPS.

De acordo com a ciclagem, os principais padrões de ondas cerebrais recebem a seguinte classificação:

*Ondas Beta* - quando a freqüência é de 18 a 30 CPS;

---

1 Vibração é uma oscilação completa. Esta corresponde ao deslocamento de uma partícula, no sentido de ida a determinado ponto e de volta ao ponto inicial, na mesma direção e em sentido contrário. Para compreender-se melhor, figure-se o movimento de um pêndulo que, partindo de um ponto inicial, vai ao ponto oposto (vibração simples) e depois volta ao ponto inicial, formando uma *vibração dupla*. Esse movimento completo de ida e volta constitui uma *oscilação*, ou uma *vibração*.

*Ondas Alpha* - as que se situam na freqüência entre 8 e 12 CPS;

*Ondas Theta* - as que ficam entre 4 e 7 CPS (ondas grandes, regulares);

*Ondas Delta* - as que medem 4 ou menor número de CPS (ondas grandes e lentas).

2 - Quando a pessoa está desperta e em plena atividade consciente, diz-se que está em *Beta*. É o estado de vigília e de consciência.

Quando está entre o estado de vigília e o de sono, mas ainda não completamente adormecida, isto é, em repouso com os olhos fechados e a mente errante, diz-se que está em *Alpha*. É o limiar do sono, ou do transe, também denominado estado de *consciência interior*. É o transe mediúnico leve, ou superficial, em que a comunicação dos Espíritos se faz pelo processo de conjugação de ondas. É um estado de concentração, mas não de transe profundo.

O transe em que se processa a incorporação ocorre quando o médium está em *Theta*.

O êxtase, por ser transe mais profundo, ocorre em *Delta*.

Temos aí, portanto, os estados mentais que correspondem aos diversos processos mediúnicos.

## Desenvolvimento mental e controle da mente

3 - O desenvolvimento mental se opera através das encarnações, à medida que o ser vai aprendendo a utilizar o potencial da mente. Esse desenvolvimento é lento e gradativo e somente o próprio indivíduo pode realizá-lo, por esforço próprio.

4 - Como vimos acima, o *intelecto* é a mente em sentido restrito. Como parte desta, limita-se ao campo da inteligência e é enriquecido pelo estudo, pelas leituras instrutivas e construtivas, pela audiência de aulas e palestras, isto é, por tudo aquilo que possa produzir aquisição de conhecimento positivo. O intelecto pode também ser carregado negativamente, isto é, com o fruto de leituras

perniciosas, com conceitos e teorias errôneas, com idéias destruidoras e malévolas.

5 - Se o intelecto é parte, a mente é o todo, sendo, todavia, insistimos, de compreensão integral ainda inacessível para nós.

Podemos dizer, no entanto, que ela representa o campo espiritual, onde se situa a consciência e se acumulam as conquistas éticas já realizadas, paralelamente às potencialidades evolutivas do Espírito, que a este cumpre desenvolver, através das encarnações.

Paralelamente, nela se instalam também os elementos negativos, como desenvolvimento das más tendências trazidas de vidas pretéritas, bem como daquelas adquiridas na encarnação atual, como resultado da invigilância e das "quedas do homem".

A mente pode ser estimulada por esses fatores externos, que mencionamos, mas seu desenvolvimento só se realiza mediante o esforço contínuo, pelo hábito da meditação, pelo controle permanente do pensamento, para que não se perca em ideações negativas. Faz-se mister buscar ideais superiores, a Verdade, o Equilíbrio, a Harmonia, a Paz, principalmente pelas realizações no campo do Amor, da Purificação e da Caridade.

Como ensina Pastorino, "para desenvolver a mente, temos que mantê-la em treino constante, sem jamais largá-la abandonada, a fim de que não seja atingida por pensamentos discordantes, provenientes de outras mentes encarnadas ou desencarnadas. A mente jamais deve permanecer em passividade".

Esse autor nos chama a atenção também para "a necessidade dos exercícios de concentração mental, de atenção aplicada, de estudos sérios, de reflexão precisa, e de tornar-se "criador", não apenas receptor de formas mentais. Quem deseja desenvolver sua mente tem que vigiá-la a cada segundo de suas horas de vigília, para só permitir que ela produza vibrações construtivas. Dessa forma, firmará uma tônica básica de elevação que lhe facilitará a tarefa".[2]

2 Aut. cit., em *Técnica da Mediunidade*; Editora Sabedoria, 2ª ed, p. 200.

## Mecanismos da mediunidade

6 - Os mecanismos da mediunidade têm muito a ver com o eletromagnetismo e as leis da Física que o regem, guardando analogia com os mecanismos da telegrafia, do rádio e da televisão.

A vidência, por exemplo, como fenômeno mediúnico, tem grandes conotações com a produção, emissão e recepção de imagens num sistema de televisão.

A sintonia e a conjugação de ondas obedecem aos princípios de Eletrônica aplicados às emissoras e aos aparelhos receptores de rádio. É que, analogicamente, o equipamento mediúnico serve tanto para a emissão, quanto para a recepção de ondas-pensamentos.

Temos o circuito elétrico e o circuito mediúnico; a corrente elétrica e a corrente mental; o pensamento, ou radiação mental, e a onda hertziana, e assim por diante.

Em face dessas analogias, para melhor compreensão dos mecanismos da mediunidade, precisamos ter noções básicas dos fenômenos físicos equivalentes. É o que passaremos a ver, de modo sumário.

7 - Iniciemos o estudo dessas noções pelo conceito de vibração, termo freqüentemente usado nos meios espíritas, mas, infelizmente, de significação ainda bastante ignorada.

Há várias espécies de vibração. A mais comum é a vibração mecânica, que pode ser exemplificada pelo movimento de ida e volta de um pêndulo (uma partícula material presa à extremidade de um fio). Fazendo-se este oscilar, sua extremidade vai de um ponto a outro. Esse movimento de ida, de um ponto inicial a outro que marca o termo do movimento máximo, constitui uma *vibração simples*. O movimento de volta ao ponto inicial é outra vibração simples. O movimento completo de ida e volta vem a ser uma *vibração dupla*, ou uma *oscilação*.

Veremos, mais adiante, que a vibração mediúnica é de natureza elétrica, sendo provocada pelo deslocamento das partículas mentais, o qual, por sua vez, gera corrente e ondas, bem como um campo magnético.

8 - Chama-se *período* o tempo gasto, medido em segundos, para se realizar uma oscilação, ou vibração dupla.

*Freqüência* é o número de oscilações durante um segundo. A freqüência pode ser alta ou baixa, conforme seja, respectivamente, maior ou menor. Exemplo de baixa freqüência: 10 oscilações por segundo; de alta freqüência: 10.000 oscilações por segundo.

9 - A freqüência é medida em *ciclos*. O número de ciclos é o número de oscilações (ou freqüência), contadas ao passar a partícula por determinado ponto, durante um segundo. Por exemplo, quando se contam 50 oscilações em relação a determinado ponto, durante um segundo, têm-se 50 ciclos.

A unidade da medida de freqüência é o *hertz (Hz)*, que, no sistema internacional, é igual à freqüência de uma oscilação periódica que se completa uma vez em cada segundo.

10 - No Universo, tudo é movimento. Nada é estático. O próprio átomo representa movimento constante, mediante o qual se mantém o equilíbrio de suas partículas.

Os elétrons de um átomo podem deslocar-se para outro átomo, saltando da eletrosfera (conjunto de órbitas de elétrons de um átomo) de um para a eletrosfera de outro. Esse deslocamento depende de determinado veículo, denominado *condutor* (ex.: um fio elétrico), que contenha elétrons livres, e ao qual se aplique uma diferença de potencial. O deslocamento de elétrons, que assim ocorre, denomina-se *corrente elétrica*.

Se a corrente caminha num só sentido, diz-se *corrente contínua* ou *direta*. Se ora caminha num sentido, ora noutro, trata-se de *corrente alternada*.

Quando a corrente passa por determinado ponto, de um lado para outro, 50 vezes por segundo, diz-se que ela tem a freqüência de 50 oscilações por segundo, ou 50 ciclos.

A corrente elétrica que chega às nossas casas provém de uma usina e é distribuída por uma empresa, através do necessário equipamento. Na mediunidade, analogicamente, temos a *corrente mental*, produzida pelos impulsos das partículas mentais (*vibrações*) e transmitida pelo cérebro. Este funciona tanto como uma estação transmissora quanto como um aparelho receptor de rádio. Assim, ele pode transmitir em *alta* ou *baixa freqüência*, conforme sejam mais elevados ou mais baixos os nossos pensamentos, na bipolaridade do amor e do ódio.

11 - A energia transportada através de um campo oscilante constitui o que se chama onda. Noutras palavras, onda é o deslocamento das vibrações ou oscilações.

Cada onda tem um ponto mais elevado, que é o ponto máximo de uma oscilação. Esse ponto chama-se crista. O comprimento da onda é determinado pela distância que medeia entre duas cristas consecutivas.

Conforme sua medida, temos as *ondas longas*, as *médias* e as *curtas*.

As ondas longas são as de comprimento superior a 600 metros, tendo pequeno alcance, por serem rasteiras à superfície terrestre. As ondas médias medem entre 150 a 600 metros e já alcançam algumas camadas superiores da atmosfera. E as ondas curtas são as que têm comprimento variável entre 10 e 150 metros, projetando-se na atmosfera superior, por terem grande alcance. De maior alcance ainda são as ondas ultra-curtas, que são as de comprimento inferior a 10 metros.

## Ondas e percepções

12 - De acordo com a natureza das partículas postas em ação, quer em virtude de seus elétrons saltarem de órbitas, quer pela simples excitação dos seus núcleos, os átomos estão sempre irradiando, produzindo ondas, que podem ser de som, luz, calor, rádio, etc..

Tudo depende da freqüência, ou seja, do número de oscilações por segundo e das combinações que operam. Conforme se manifestem esses fatores, teremos ondas luminosas, ou ondas elétricas, ondas caloríficas, ondas magnéticas, ondas de rádio, ondas de raio X, e assim por diante.

As ondas decorrem de movimento, de agitação. A vida é sinônimo de agitação. E essa agitação se faz desde a intimidade do átomo, nos deslocamentos contínuos dos elétrons, no sistema atômico, gravitando, não em órbitas circulares ou elíticas, mas, aos saltos, em torno do núcleo.

13 - Nós vivemos imersos num oceano de ondas. Estamos sempre produzindo-as, vendo-as e percebendo-as, de acordo com as potencialidades do nosso aparelho sensório e do nosso campo mental.

Se atirarmos uma pedra num lago, veremos formarem-se pequenas ondas concêntricas na superfície da água. Se olharmos o mar, veremos as ondas agigantando-se em tamanhos variados. Com uma lanterna, provocamos a emissão de ondas luminosas. Acendendo a boca de um fogão, ou o aquecedor do banheiro, provocaremos a formação de ondas caloríficas. Quando falamos, emitimos ondas sonoras, e assim por diante.

"E o homem, colocado nas faixas desse imenso domínio, em que a matéria quanto mais estudada mais se revela qual feixe de forças de temporária associação, somente assinala as ondas que se lhes afinam com o modo de ser.

"Temo-lo, dessa maneira, por viajante do cosmo, respirando num vastíssimo império de ondas que se comportam como massa ou vice-versa, condicionado nas suas percepções, à escala do progresso que já alcançou, progresso esse que se mostra sempre acrescentado pelo patrimônio de experiência em que se gradua, no campo mental que lhe é característico, em cujas dimensões revela o que a vida já lhe deu, ou tempo de evolução, e aquilo que ele próprio já deu à vida, ou tempo de esforço pessoal na construção do destino. Para a valorização e enriquecimento do caminho que lhe compete percorrer, recebe dessa mesma vida, que o acalenta e a que deve servir, o tesouro do cérebro, por intermédio do qual exterioriza as ondas que lhe marcam a individualidade, no concerto das forças universais, e absorve aquelas com as quais pode entrar em sintonia, ampliando os recursos do seu cabedal de conhecimento, e das quais se deve aproveitar, no aprimoramento intensivo de si mesmo, no trabalho da própria sublimação".[3]

Noutras palavras, o homem está situado em meio a ondas de todas as espécies. Mas, ele só faz a percepção daquelas em relação às quais possui o necessário potencial, de acordo com a graduação do seu campo mental, condicionada à evolução espiritual que já tiver alcançado. O seu cérebro, dádiva divina, é o aparelho receptor das ondas com as quais pode sintonizar e, ao mesmo tempo, emissor das ondas produzidas pelo seu pensamento, e das que é capaz de exteriorizar do acervo dos conhecimentos que armazenou e das conquistas éticas já realizadas.

Assim, a faculdade mediúnica depende também de todos os fatores mencionados, tipificando-se de acordo com as peculiaridades mento-cerebrais de cada médium, nas variadas expressões que manifestam.

14 - As percepções sensoriais variam de espécie para espécie e, mesmo no homem, podem ser diferentes de um indivíduo para outro. As deficiências orgânicas diminuem a acuidade dos sentidos. A miopia, o astigmatismo, a catarata e outros problemas patológicos ou constitucionais do aparelho óptico comprometem a acuidade visual. O mesmo pode ocorrer com a audição, que pode ser diminuída e até suprimida. O tato pode ser igualmente prejudicado, assim como o olfato e o paladar.

Mas, mesmo nas pessoas consideradas normais, há limites nítidos das percepções.

Nosso aparelhamento sensorial é adequado para percebermos fenômenos materiais, ou seja, os que se operam entre as fron-

---

3 André Luiz, na ob. cit., pp. 23 e 24.

teiras de escala do plano vibratório em que vivemos materialmente. Assim, não podemos transpor essas fronteiras, para penetrarmos em outros planos vibratórios, de graus energéticos diferentes.

Basta lembrarmo-nos, por exemplo, de que nossa audição é limitada e que, embora existam vibrações sonoras nos campos do ultra-som e do infra-som, nosso ouvido não pode captá-las, porque elas não sensibilizam o nosso aparelho auditivo (ex.: abaixo de 35 vibrações por segundo, embora alguns autores baixem esse limite para 16 vibrações - infra-som - ou além de, aproximadamente, 15.000 vibrações por segundo - ultra-som).

Outras percepções nós as fazemos de modo global, ou sintético, sem que nos apercebamos das vibrações individualizadas, das quais só captamos o somatório.

Assim, somente com o auxílio de um prisma, verificamos que a luz branca, como a percebemos a olho nu, se constitui, na realidade, de raios com as sete cores fundamentais.

15 - Espíritos encarnados na Terra, condicionados às peculiaridades físicas do planeta, estamos envolvidos por outros reinos ondulatórios, que, no dizer de André Luiz, se espraiam no oceano da Vida Infinita e que nossa mente não consegue perceber.

Mesmo no Plano Espiritual, as percepções são condicionadas ao grau de elevação de cada Espírito.

As entidades desencarnadas possuem determinado teor vibratório, que constitui o balizamento de suas percepções. Assim, as que se situam em determinado nível não se apercebem da presença daquelas que estão em nível superior. Estas, no entanto, estendem suas percepções aos planos inferiores.

Os graus da mediunidade obedecem aos mesmos princípios. O poder de comunicação do médium varia, de indivíduo para indivíduo, de acordo com a faculdade que possui de atingir, pelas vibrações mentais, os diferentes reinos ondulatórios.

Esse poder de comunicação, porém, pode ser dilatado pelo auxílio dos Mentores Espirituais, que, promovendo-lhes o desdobramento, alçam o médium-alma a planos superiores.

Do mesmo modo, o médium pode transmitir mensagens provindas de Espíritos superiores, situados em planos elevados e normalmente inatingíveis para ele, conseguindo-o por efeito da intermediação de outros Espíritos que funcionam como verdadeiros transformadores, reduzindo o alto teor vibratório da fonte e tornando-a, assim, acessível à mente humana.

Esse fenômeno, denominado de *telemediunidade*, é comparável às usinas elétricas de altíssimo potencial, cuja energia destruiria as máquinas industriais e os aparelhos eletrodomésticos não fosse a utilização de transformadores sucessivos, a reduzir-lhes as altas cargas energéticas.

16 - Para concluir, vemos, assim, que o estudo da mediunidade, para ser mais produtivo, não pode prescindir dos subsídios fornecidos pela Física, principalmente nos capítulos do eletromagnetismo e da mecânica ondulatória.

O conhecimento dos mecanismos da mediunidade tornam o médium mais seguro no desempenho da sua missão, fazendo-o melhor compreender a amplitude e os limites do seu potencial, bem como as diferenças observadas de um médium para outro, que decorrem do tipo da faculdade de cada um, a lhes determinar o respectivo processo.

Com isso, evitam-se os complexos de inferioridade, evidentemente sem nenhuma razão de ser, fazendo com que cada um conheça melhor o tipo de mediunidade de que é dotado, buscando aprimorá-la nos limites das suas reais possibilidades e contentando-se com o que a Divina Sabedoria lhe reservou, por acréscimo de misericórdia.

## Capítulo III

# DA MEDIUNIDADE

*Sumário: Mediunidade e seu conceito. - Mediunidade generalizada. - Medianimidade, ou mediunidade dinâmica. - Mediunato e mandato mediúnico. - Rejeição da mediunidade de compromisso. - Mediunidade no Plano Espiritual. - Mediunismo e mediunidade.*

## Mediunidade e seu conceito

1 - *Mediunidade* é a faculdade genérica de por-se em comunicação com Espíritos, desencarnados ou encarnados, captar-lhes o pensamento, ou sofrer-lhes a influência, ou ainda, a faculdade específica de servir de medianeiro (instrumento) às comunicações espíritas.

Nesta definição, procuramos abranger o conceito de mediunidade nos seus vários aspectos, no geral e no específico, e nos desdobramentos deste.

No *Vocabulário Espírita*, encontrado no final d'*O Livro dos Médiuns*, Kardec não define *mediunidade*, mas registra este verbete, fazendo remissão à *medianimidade*, que dá como seu sinônimo, conceituando este termo como "faculdade dos médiuns".

Daí termos de ir ao verbete *médium*, onde encontramos a definição: "Pessoa que pode servir de intermediária entre os Espíritos e os homens".

## Mediunidade generalizada

2 - Kardec estuda a mediunidade, nos seus vários aspectos, a partir do capítulo XIV d'*O Livro dos Médiuns*. Ali, começa por definir:

"Todo aquele que sente, num grau qualquer, a influência dos Espíritos é, por esse fato, médium".

Esse conceito corresponde à *mediunidade generalizada*, ou seja, à que é inerente a todos os homens.

Isso se torna patente quando ele prossegue:

"Essa faculdade é inerente ao homem; não constitui, portanto, um privilégio exclusivo. Por isso mesmo, raras são as pessoas que dela não possuam alguns rudimentos. Pode, pois, dizer-se que todos são, mais ou menos, médiuns".

Essa afirmativa está em plena concordância com as Questões 459 a 472 d'*O Livro dos Espíritos*, agrupadas no tópico cujo título é: "**Influência oculta dos Espíritos em nossos pensamentos e atos**", das quais transcrevemos as duas primeiras:

*459. Influem os Espíritos em nossos pensamentos e em nossos atos?*

"Muito mais do que imaginais. Influem a tal ponto, que, de ordinário, são eles que vos dirigem".

*460. De par com os pensamentos que nos são próprios, outros haverá que nos sejam sugeridos?*

"Vossa alma é um Espírito que pensa. Não ignorais que, freqüentemente, muitos pensamentos vos acodem a um tempo sobre o mesmo assunto e, não raro, contrários uns aos outros. Pois bem! No conjunto deles, estão sempre de mistura, os vossos com os nossos. Daí a incerteza em que vos vedes. É que tendes em vós duas idéias a se combaterem".

3 - Vê-se, assim, que existe uma *mediunidade generalizada*, encontrada em todos os homens, em maior ou menor grau. Nós somos Espíritos encarnados e, por isso, a mediunidade é inerente à nossa própria natureza. É natural que continuemos ligados, de certa forma, ao plano espiritual. É através da mediunidade generalizada que recebemos a influência e as intuições do nosso anjo da guarda e dos demais protetores. É verdade ser também através dela que sofremos as más influências dos Espíritos inferiores, se não observarmos o preceito crístico "orai e vigiai".

Vimos, no capítulo anterior, que o homem vive imerso num oceano de ondas. Seu pensamento produz vibrações que, por sua vez, dão origem a outras ondas. Funcionamos como receptores e emissores delas.

A mediunidade generalizada varia de indivíduo para indivíduo, sendo uns mais sensíveis do que outros. Essa variação depende da maior ou menor espiritualização de cada um. Aquele que está mais apegado à matéria possui menor sensibilidade, ao passo que o que dela já está mais ou menos desprendido é mais susceptível de manter silenciosa comunicação com o mundo dos Espíritos.

A esse respeito, ensina Emmanuel:

“Todos os homens têm o seu grau de mediunidade, nas mais variadas posições evolutivas, e esse atributo do espírito representa, ainda, a alvorada de novas percepções para o homem do futuro, quando, pelo avanço da mentalidade do mundo, as criaturas humanas verão alargar-se a janela acanhada dos cinco sentidos”.[1]

A *mediunidade generalizada*, ou *natural* foi também, posteriormente, denominada por outros estudiosos, como Crawford, de *mediunidade estática*, em contraposição ao outro tipo, que chamaram de *mediunidade dinâmica*, estudada a seguir.

4 - Antes, porém, note-se que a mediunidade não se restringe à comunicação com os desencarnados, em maior ou menor grau. Ela compreende também a comunicação entre encarnados, que se estabelece de alma para alma, por meio do pensamento.

A telepatia é uma forma de percepção extra-sensorial, como já vimos, podendo-se qualificá-la como um processo mediúnico.

Por influência da Parapsicologia, entretanto, costuma-se distinguir o *médium* do *sensitivo*, reservando-se esta última denominação para quem, além de possuir outras percepções extra-

---

1 Aut. cit., em *O Consolador*, item 383, 1a parte.

sensoriais, só estabelece comunicação (telepática) com outro encarnado, deixando-se a qualificação de *médium* para quem se comunica com os Espíritos e participa da produção de fenômenos espíritas.

No campo de estudo do Espiritismo, porém, tanto uma, quanto outra faculdade constitui mediunidade.

Se, todavia, mantivermos a dupla classificação, observaremos que todo médium é *sensitivo*, mas nem todo sensitivo é *médium*.

A qualificação de *sensitivo* restringir-se-á, assim, àquele dotado do *sentido psíquico* ou *espiritual*, detalhadamente estudado no tomo I deste volume.

## Medianimidade, ou mediunidade dinâmica

5 - Allan Kardec, após referir-se à *mediunidade generalizada*, acrescentou:

> "Todavia, usualmente, assim só se qualificam" (de médiuns)" aqueles em quem a faculdade mediúnica se mostra bem caracterizada e se traduz por efeitos patentes, de certa intensidade, o que então depende de uma organização mais ou menos sensitiva".[2]

É a esse tipo de mediunidade propriamente dita que ele, no *Vocabulário Espírita*, chama de *medianimidade*. Vejamos como ele enuncia o respectivo conceito:

> "*Medianimidade* - Faculdade dos médiuns. Sinônimo de mediunidade. Estas duas palavras são, com freqüência, empregadas indiferentemente. A se querer fazer uma distinção, poder-se-á dizer que *mediunidade* tem um sentido mais geral e *medianimidade* um sentido mais restrito. Ele possui o dom da *mediunidade*. - *A medianimidade mecânica*."

É evidente, assim, que ele quis estabelecer uma distinção entre o significado genérico do termo *mediunidade* e o significado

---

2 LM, cap. XIV, item 159.

restrito da expressão *medianimidade*. No primeiro, compreende-se tanto a ***mediunidade generalizada***, ***natural*** ou ***estática***, quanto a ***mediunidade em sentido restrito***, que é a ***mediunidade específica***, ou ***propriamente dita***, que ele denomina também de ***medianimidade***.

6 - Na prática, porém, quando se fala em *mediunidade* quer-se quase sempre significar a ***mediunidade em sentido restrito***. Quando alguém quer referir-se à ***mediunidade generalizada***, faz referência expressa a esse tipo de mediunidade. É que normalmente ninguém pensa em mediunidade quando se refere ao homem comum, ou melhor, ao não-médium no sentido restrito.

Como já vimos, Crawford e outros estudiosos chamam a *medianimidade* de ***mediunidade dinâmica***, no sentido de que ela não é a que reside em nós em estase, a faculdade inerente a todos os homens, mas a que constitui uma faculdade especial, peculiar apenas a certos indivíduos, que servem de instrumento específico às comunicações e às manifestações espíritas.

7 - É a essa mediunidade *dinâmica* que se refere o Espírito Erasto, ao definir como ***médium*** "o indivíduo que serve de traço de união aos Espíritos, para que estes possam comunicar-se facilmente com os homens: Espíritos encarnados", acrescentando que, "sem médium, não há comunicações tangíveis, mentais, escritas, físicas, de qualquer natureza que sejam".[3]

Referindo-se à mediunidade propriamente dita, assim se expressa Emmanuel:

> "A mediunidade é aquela luz que seria derramada sobre toda carne e prometida pelo Divino Mestre aos tempos do Consolador, atualmente em curso na Terra.
>
> A missão mediúnica, se tem os seus percalços e as suas lutas dolorosas, é uma das mais belas oportunidades de progresso e de redenção concedidas por Deus aos seus filhos misérrimos.

---

3 LM, cap. XXII, item 236.

Sendo luz que brilha na carne, a mediunidade é atributo do Espírito, patrimônio da alma imortal, elemento renovador da posição moral da criatura terrena, enriquecendo todos os seus valores no capítulo da virtude e da inteligência, sempre que se encontre ligada aos princípios evangélicos na sua trajetória pela face do mundo".[4]

## Mediunato e mandato mediúnico

8 - Allan Kardec distingue aquele que é dotado de *mediunidade dinâmica*, ou de *medianimidade*, em *médium voluntário*, ou *facultativo*, e *médium natural*.

Veja-se o que ele escreve nos seguintes trechos d'*O Livro dos Médiuns*:

> "Os *médiuns facultativos* são os que têm consciência do seu poder e que produzem fenômenos espíritas por ato da própria vontade".[5]
>
> "Os seres invisíveis, que revelam sua presença por efeitos sensíveis, são, em geral, Espíritos de ordem inferior e que podem ser dominados pelo ascendente moral. A aquisição deste ascendente é o que se deve procurar.
>
> Para alcançá-lo, preciso é que o indivíduo passe do estado de *médium natural* ao de ***médium voluntário***".[6]

O conceito de *médium natural*, ele já o dera anteriormente, na seguinte passagem do mesmo capítulo:

> "Os *médiuns involuntários* ou *naturais* são aqueles cuja influência se exerce a seu mau grado. Nenhuma consciência têm do poder que possuem e, muitas vezes, o que de anormal se passa em torno deles não se lhes afigura de modo algum extraordinário. Isso faz parte deles, exatamente como se dá com as pessoas dotadas de dupla vista, coisa de que nem suspeitam".[7]

---

4 Aut. e ob. cits., item 382.
5 LM, cap. XIV, item 160.
6 LM, cap. XIV, item 162.
7 LM, cap. XIV, item 161.

9 - Noutras palavras, *médium natural*, ou *involuntário*, é aquele que ignora ser dotado de faculdade mediúnica, mas que, nem por isso, deixa de ser médium. Serve, muitas vezes, de instrumento à produção de fenômenos espíritas, sem se dar conta da sua intervenção causal nos respectivos acontecimentos. *Médium facultativo*, ou *voluntário*, é aquele que sabe ser dotado de mediunidade e dela se utiliza conscientemente.

10 - O médium em sentido estrito, isto é, aquele que é dotado de mediunidade dinâmica, possui tarefa definida, pré-estabelecida quando de sua reencarnação.

Diz-se que ele é portador de *mediunidade de serviço*, porque deve exercê-la para auxiliar o próximo.

Ele renasce no plano material com o encargo de exercer a tarefa mediúnica em favor daqueles que necessitarem dos seus serviços.

11 - Allan Kardec não usou a expressão *mediunidade de serviço*, que surgiu posteriormente como criação terminológica de escritores espíritas. O termo usado pelo Codificador e criado pelos Espíritos foi *mediunato*, que ele assim define no *Vocabulário Espírita*:

> "Missão providencial dos médiuns. Esta palavra foi criada pelos Espíritos. (Veja-se o Capítulo XXXI, comunicação XII)."

Transcrevemos, a seguir, a comunicação a que ele faz remissão:

> "Deus me encarregou de desempenhar uma missão junto dos crentes a quem ele favorece com o **mediunato**. Quanto mais graça recebem eles do Altíssimo, mais perigos correm e tanto maiores são esses perigos, quando se originam dos favores mesmos que Deus lhes concede.
>
> As faculdades de que gozam os médiuns lhes granjeiam os elogios dos homens. As felicitações, as adulações, eis, para eles, o escolho. Rápido esquecem a anterior incapacidade que lhes devia estar sempre presente à lembrança. Fazem mais: o que só devem a Deus atribuem-no aos seus

próprios méritos. Que acontece então? Os bons Espíritos os abandonam, eles se tornam joguetes dos maus e ficam sem bússola para se guiarem. Quanto mais capazes se tornam, mais impelidos são a se atribuírem um mérito que lhes não pertence, até que Deus os puna, afinal, retirando-lhes uma faculdade que, desde então, somente fatal lhes pode ser.

Nunca me cansarei de recomendar-vos que vos confieis ao vosso anjo guardião, para que vos ajude a estar sempre em guarda contra o vosso mais cruel inimigo, que é o orgulho. Lembrai-vos bem, vós que tendes a ventura de ser intérpretes dos Espíritos para os homens, de que severamente punidos sereis, porque mais favorecidos fostes.

Espero que esta comunicação produza frutos e desejo que ela possa ajudar os médiuns a se terem em guarda contra o escolho que os faria naufragar. Esse escolho, já o disse, é o orgulho.

*Joana d'Arc*".[8]

Na Codificação Espírita, portanto, e é importante anotar-se, o termo que designa a mediunidade dinâmica, constituída em compromisso, é **mediunato**.

Nada impede, todavia, que se lhe criem sinônimos, desde que se conserve o significado original. Os Espíritos sempre nos advertiram de que o importante não são as palavras, mas, sim, que nos entendamos sobre o significado delas.

12 - O mediunato pode ser de duas naturezas: a) o *mediunato*, ou *mediunidade de provação,* ou *provacional*, que é impositivo para resgate das dívidas contraídas pelo médium perante a Justiça Divina, ressarcindo-as mediante o auxílio àqueles a quem prejudicou em vidas pretéritas, ou por cujas quedas morais foi, parcial ou totalmente, responsável; ou, b) o *mandato mediúnico*, expressão cunhada por André Luiz, para significar a mediunidade no seu mais alto grau missionário, que o medianeiro exerce como "sacerdócio de fraternidade e compreensão", a título de verdadeiro *mandato* "pelo tempo de atividade na Causa do Bem e pelos sacrifícios a que se consagrou....merecendo, por isso, a responsabilidade de mais íntima associação com o instrutor que lhe preside às tarefas".[9]

---

8 LM, cap. XXXI, comunicação XII.
9 Aut. cit., em *Nos Domínios da Mediunidade*, ed. cit., p. 149.

*Mandato*, na linguagem jurídica, é o ato pelo qual alguém confere a outrem a faculdade de representá-lo, outorgando-lhe poderes gerais, ou especiais para determinados fins, que o mandatário exerce em nome do mandante. Chama-se também *procuratório*. Tem por instrumento a *procuração*.

Na Doutrina Espírita, pelo *mandato mediúnico*, o medianeiro é incumbido pelo Cristo Planetário, do qual recebe os necessários poderes, de exercer a mediunidade como um sacerdócio, possuído de elevados sentimentos de Amor e Caridade, em favor de todos aqueles que necessitam do amparo do mundo espiritual, bem como em benefício dos Espíritos que, por sua vez, precisam de esclarecimento, auxílio, consolo e evangelização.

13 - O mandato mediúnico é bem mais raro do que a mediunidade de provação. É o que ensina Emmanuel, quando nos diz "quem são os médiuns na sua generalidade":

> "Os médiuns, em sua generalidade, não são missionários na acepção comum do termo; são almas que fracassaram desastradamente, que contrariaram, sobremaneira, o curso das leis divinas, e que resgatam, sob o peso de severos compromissos e ilimitadas responsabilidades, o passado obscuro e delituoso. O seu pretérito, muitas vezes, se encontra enodoado de graves deslizes e de erros clamorosos. Quase sempre, são Espíritos que tombaram dos cumes sociais, pelos abusos do poder, da autoridade, da fortuna e da inteligência, e que regressam ao orbe terráqueo para se sacrificarem em favor do grande número de almas que desviaram das sendas luminosas da fé, da caridade e da virtude. São almas arrependidas que procuram arrebanhar todas as felicidades que perderam, reorganizando, com sacrifícios, tudo quanto esfacelaram nos seus instantes de criminosas arbitrariedades e de condenável insânia".

Em seguida, nos fala da vida dos médiuns, ressaltando "as oportunidades de sofrimento", em significativas palavras:

> "As existências dos médiuns, em geral, têm constituído romances dolorosos, em razão da necessidade do sofrimento reparador; suas estradas, no mundo, estão repletas de provações, de continências e desventuras. Faz-se, porém, necessário que reconheçam o ascetismo e o padecer, como belas oportunidades que a magnanimidade da Providência lhes

oferece, para que restabeleçam a saúde dos seus organismos espirituais, combalidos nos excessos de vidas mal orientadas, nas quais se embriagaram à saciedade com os vinhos sinistros do vício e do despotismo.

Humilhados e incompreendidos, faz-se mister que reconheçam todos os benefícios emanantes das dores que purificam e regeneram, trabalhando para que representem, de fato, o exemplo da abnegação e do desinteresse, reconquistando a felicidade perdida".[10]

## Rejeição da mediunidade de compromisso

14 - Muitos daqueles que nascem com o dom do mediunato, no entanto, rebelam-se contra a sua condição de médiuns e se recusam a exercê-lo.

Outros, iniciam a prestação do serviço mediúnico, mas, a certa altura, interrompem-no, ou porque desejam levar outro tipo de vida com ele incompatível, ou porque passam a desacreditar na própria mediunidade e, algumas vezes, até no Espiritismo.

Como fica a situação desses médiuns diante do compromisso previamente assumido? A essa questão, responde Herculano Pires:

"Não obstante o determinismo implícito no mediunato, o seu livre-arbítrio continua intacto. Assim como escolheu e pediu essa situação ao voltar à encarnação, por sua livre vontade, assim também poderá optar pelo cumprimento da missão ou pela sua rejeição, arcando naturalmente com as conseqüências da fuga do dever".

E quais são essas conseqüências? A resposta é do próprio Herculano Pires:

"Se rejeita o seu compromisso ou tenta protelá-lo fica sujeito a perturbações e finalmente à obsessão. O mediunato lhe foi concedido para reparar os erros do passado e recuperar os espíritos que pôs a perder, levou à descrença e até mesmo à revolta em vidas passadas".[11]

---

10 Aut. cit., em *Emmanuel*; psic. de F. C. Xavier, FEB, 7a ed., pp. 65 e 66.
11 Aut. cit., em *Mediunidade (Vida e Comunicação)*; EDICEL, 4a ed., cap. III, p. 23.

15 - Pode acontecer também que o médium passe a sofrer aquilo que lhe estava reservado para ressarcir passadas faltas e fora *substituído* pelo mediunato. Uma enfermidade, por exemplo, ou determinados fracassos, decepções ou grandes dificuldades na vida material ou afetiva.

O mediunato lhe fora concedido como *alternativa* de determinadas expiações, por efeito da misericórdia divina. Recusado o cumprimento do compromisso mediúnico, restabelece-se a primeira alternativa.

16 - Cumpre, todavia, não confundir o mediunato com a mediunidade natural sob a influência de processos obsessivos. As pessoas que passam por essa provação, evidentemente, após cessada a perturbação de que foram tomadas, por tempo mais ou menos longo, voltam à condição de pessoas normais dotadas de mediunidade generalizada. Inexistindo o compromisso mediúnico, não poderá haver qualquer conseqüência punitiva.

Essa hipótese foi assim tratada por Herculano Pires:

> "Recorrem às casas espíritas muitas pessoas perturbadas e até mesmo obsedadas, que em geral são consideradas médiuns em fase de desenvolvimento. Muitas delas são apenas vítimas de perseguição de espíritos inferiores, resultantes de inquirições mentais. Por esse ou outros motivos, essas criaturas estão realmente envolvidas num processo de obsessão, mas não são médiuns em desenvolvimento. Precisam de passes, de participação nas sessões, mas não de sentar-se à mesa mediúnica para desenvolver mediunidade. Essas pessoas, tratadas devidamente, livram-se da obsessão mas não revelam mais os sintomas mediúnicos decorrentes da obsessão. Essas pessoas não estão investidas de mediunato, não precisam e nem podem desenvolver a sua mediunidade estática. Esta lhe serve para guiar-se na vida através de intuições e percepções extra-sensoriais. A obsessão ocasional, por sua vez, serviu para aproximá-la do Espiritismo, despertar-lhe ou reanimar-lhe o sentimento religioso, encaminhá-la num sentido mais elevado em sua maneira de viver, na busca de sintonias mentais benéficas e não prejudiciais".[12]

---

12 Aut. e ob. cits., cap. II, pp. 19 e 20.

## Mediunidade no Plano Espiritual

17 - Embora a mediunidade seja normalmente um meio de comunicação entre o plano visível e o invisível, é importante anotar que ela se manifesta também entre desencarnados, como processo de comunicação entre várias esferas do plano espiritual. Espíritos há que transmitem mensagens de entidades de esferas superiores para aqueles que permanecem em planos menos elevados.

André Luiz, ao longo de sua alentada obra, narra-nos várias passagens em que vemos Espíritos atuarem como médiuns.

No livro *Obreiros da Vida Eterna*, por exemplo, encontramos, no capítulo IX, o *Espírito-médium* Luciana a desenvolver vários processos mediúnicos, em reunião na Sala Consagrada, da **Casa Transitória de Fabiano**, de que participavam a irmã Zenóbia, Gotuzo e outros, num total de trinta e cinco entidades.

18 - Após a prece, Luciana, sentada em frente a uma tela constituída de tecido diáfano, tomou a palavra e dirigiu-se à Diretora da Casa (Zenóbia), nestes termos:

> "— Neste momento, vejo na tela das bênçãos respeitável ancião, cercado de luz verde-prateada. Estende-lhe a destra, abençoando-a, e me recomenda dizer-lhe tratar-se de Bernardino.
>
> — Ah! já sei - respondeu, contente, a instrutora -, é mensageiro da Casa Redentora de Fabiano. Que Jesus o recompense pelo contentamento que nos traz.
>
> — Assegura o iluminado visitante - tornou a **clarividente** prestimosa - que as vibrações ambientais inclinam-se agora, para as esferas inferiores e que não conseguirá fazer-se visível a todos, não obstante o seu desejo...." (O negrito não é do original.)

Nesta passagem, Luciana exercia a *mediunidade* de *vidência* e *audição*, transmitindo para as entidades espirituais presentes o que ela estava vendo e ouvindo, mas que seus companheiros não viam nem ouviam!

19 - Igual manifestação ocorreu, a seguir, quando ela comunicou a presença de outra mensageira, deslumbrante bem-aventurada celeste, cujos trajes e atitude descreveu, dizendo que atirava

flores carinhosamente aos circunstantes. Em seguida, revelou que a aparição desejava comunicar-se com o irmão Gotuzo, para o que lhe solicitava a cooperação. Zenóbia aquiesceu:

**"— Sim, Luciana, tanto quanto estiver em suas possibilidades, ceda o seu veículo de manifestação.**

**A enfermeira (Luciana), com a possibilidade de quem enxergava mais que nós, observou comovidamente:**

**— Identifica-se por Letícia, declara que desencarnou há trinta e dois anos e assevera que foi mãe do companheiro referido.**

**Mais emocionada e reverente, acentuou:**

**— Ah! desloca-se agora da tela e vem ao nosso encontro. Adianta-se. De suas mãos desprendem-se raios de sublime luz. Abraça-me! Oh! como sois generosa, abnegada benfeitora!... Sim! estou pronta, cederei com prazer!...**

**Nesse instante, a fisionomia de Luciana transformou-se. Beatífico sorriso estampou-se-lhe nos lábios. De sua fronte irradiava-se formosa luz. Com a voz altamente modificada, começou a exprimir-se a emissária por seu intermédio:**

**— Irmãos, seja convosco a paz do Cordeiro Divino!...." (O negrito é nosso.)**

20 - Na última fase, parcialmente transcrita, Luciana passara a atuar como *médium psicofônica, em processo de incorporação*, eis que cedera seu equipamento mediúnico a Letícia.

Vemos, assim, que a mediunidade não existe tão somente no nosso plano, para benefício dos encarnados, mas é uma constante entre planos vibratórios diferentes.

21 - A mediunidade no plano Espiritual, no entanto, pode assumir o caráter de gradação necessária para fazer chegar ao Plano Físico mensagem provinda de plano muito elevado, que não poderia ser transmitida diretamente.

Exemplificando: se Jesus deseja dirigir-se a uma comunidade espiritual localizada num plano extrafísico próximo à crosta planetária, sua palavra é previamente recebida e retransmitida, sucessivamente, por entidades espirituais que se encontram nas esferas intermediárias. Os Espíritos que fazem a recepção e a transmissão de sua palavra atuam, evidentemente, como médiuns.

## Mediunismo e mediunidade

22 - As expressões *mediunismo* e *mediunidade* geralmente são empregadas como sinônimos. Na realidade, embora tenham as mesmas raízes, lingüística e fenomênica, há que distinguir seu significado, tanto do ponto de vista histórico, quanto do doutrinário.

*Mediunismo* é a prática mediúnica em si, a faculdade de estabelecer comunicação com entidades do plano extrafísico, desligado esse conceito, todavia, de qualquer sentido doutrinário, principalmente do da *mediunidade* com Jesus.

23 - O mediunismo não surgiu com o Espiritismo. É muitíssimo anterior a ele e sua prática vem de épocas imemoriais, pode-se até dizer, desde os primeiros tempos em que se estabeleceu o convívio entre os homens na Terra.

Como assinala Deolindo Amorim, "quando se lançou a Doutrina Espírita, na França, em 1857, com a publicação da 1ª obra da Codificação de Allan Kardec - *O Livro dos Espíritos* - já se praticavam notoriamente o fetichismo, o animismo e o **mediunismo**, tanto quanto já se faziam evocações de espíritos. No Brasil, muito antes da divulgação da literatura espírita.... Na realidade, porém, o que se observa é uma confusão, quase generalizada, entre a **simples prática mediúnica** e o Espiritismo. Até mesmo estudiosos especializados em Antropologia e Sociologia incidem a cada passo neste equívoco." [13](O negrito é nosso.)

O mediunismo é o exercício mediúnico em si, a *simples prática mediúnica*, a que se refere Deolindo, ou seja, tão somente a utilização da faculdade inerente ao médium, sem que, com o termo, se queira significar uma prática espírita.

Os oráculos da antigüidade, as práticas dos feiticeiros e pagés, dos médiuns de terreiro, de Umbanda, Quimbanda, Candomblé e de todas as formas de Sincretismo, estabelecendo comu-

---

13 Aut. cit., em *O Espiritismo e as Doutrinas Espiritualistas*; Livraria Ghignone Editora, 3a ed., pp. 154 e 155.

nicação com o mundo invisível, quer orientados para o bem, quer para o mal, praticam o *mediunismo*.

24 - Já a *mediunidade*, como forma de comunicação com o Além, para a prática da Caridade, ou como meio de aquisição de conhecimentos, ou para a realização de qualquer dos objetivos do Espiritismo, pertence ao contexto da Doutrina Espírita.

A mediunidade é um dos instrumentos da prática do Espiritismo, sem que, contudo, nela este se resuma. Ou, como advertiu ainda Deolindo Amorim: "A principal atividade espírita não é propriamente o intercâmbio com os *mortos*, como erroneamente se propala, mas o esclarecimento doutrinário, visando a reforma moral do ser humano através do conhecimento de uma filosofia de vida, baseada em três pontos centrais: imortalidade ou sobrevivência do espírito após a morte; reencarnação ou tese das "vidas sucessivas"; a existência de Deus como *causa primária*".[14]

25 - Conclusão: em termos de prática mediúnica, como técnica de comunicação com os Espíritos, mediunidade e mediunismo podem ser empregados como sinônimos. Do ponto de vista doutrinário, porém, como prática espírita, deve-se utilizar a expressão *mediunidade*.

14 Aut. e ob. cits., p. 156.

## Capítulo IV

# MEDIUNISMO E ESPIRITISMO

*Sumário: Mediunismo e suas conotações religiosas. - Mediunismo oracular. - Mediunismo bíblico . - Mediunismo profético. - Mediunidade positiva. - Espiritismo e mediunidade.*

## Mediunismo e suas conotações religiosas

1 - O mediunismo é uma prática que remonta à mais remota antigüidade e está ligado, de certa maneira, às idéias religiosas, que foram dominando os homens ao longo da História.

A adoração faz parte da lei natural e é um sentimento inato no homem, como o da existência de Deus. Nunca houve povos de ateus, porquanto todos compreendem que acima de tudo há um Ente Supremo.[1]

2 - Esse sentimento inato levou o homem primitivo a procurar na Natureza as formas de manifestação divina, para torná-las objeto de adoração.

Assim, vê-se, pelo estudo da Antropologia e da História das Religiões, ao longo dos tempos, ocorrer a adoração do Sol, da Lua, de montanhas, de lagos, de rios, de rochas, de árvores, de determinadas plantas e de animais.

Tivemos momentos, que nem sempre se sucederam no tempo, mas que marcaram fases evolutivas de cada povo, assinalados pela *litolatria* (adoração de minerais), pela *fitolatria* (adoração de vegetais) e pela *zoolatria* (adoração de animais).

---

1 V. LE, 649 a 642.

A zoolatria, que caracterizou os antigos egípcios, com a adoração do boi Ápis, dos Crocodilos e do Bode, é vivenciada até hoje na Índia, onde encontramos, por exemplo, a figura sagrada da Vaca.

3 - A atração natural pelo misterioso fez com que o homem se voltasse principalmente para as práticas religiosas envoltas em rituais e magia.

Surgiu a submissão, o respeito e o temor por aqueles que detêm determinados poderes considerados mágicos, que, na realidade, nada mais são do que manifestações de mediunismo.

Nessa linha, vamos encontrar os pagés, os feiticeiros e os sacerdotes com poderes mágicos, tidos como representantes dos deuses, estabelecendo ligação entre as divindades e os homens.

## Mediunismo oracular

4 - O mediunismo oracular está registrado na Bíblia e na História.

Conheceram-no, também, tanto os gregos quanto os romanos. Na Grécia antiga, o termo oráculo designava ora a própria divindade, ora o seu intérprete, ora o local em que eram dadas as consultas.

O oráculo mais famoso foi o de Apolo, em Delfos, nas encostas do monte Parnaso, sobre o golfo de Corinto, muito procurado por consulentes, que lhe solicitavam orientação para os seus planos políticos e militares.

O intérprete dos deuses era uma mulher de mais de cinqüenta anos, de nome Pítia, do qual vem a expressão *pitonisa*, que designa médiuns oraculares.

No começo da cerimônia, Pítia e seus consulentes banhavam-se nas águas da fonte Castália. Em seguida, ela bebia água da fonte sagrada de Cassótis, entrava no templo e após um estranho cerimonial, sentava-se numa trípode, aspirando vapores sulfurosos e mascando folhas de louro. Ocorria, então, o “delírio divino” (transe), durante o qual ela transmitia a mensagem da divindade, em versos ambíguos, em resposta às consultas. As palavras que enunciava eram anotadas e interpretadas pelos sacerdotes, que as transmitiam aos consulentes, com o colorido de sua própria interpretação.

5 - Os romanos também tiveram seus oráculos, chamados *arúspices*, ou *áuspices*. Estes interpretavam as respostas dos deuses, ora através do exame das vísceras dos animais oferecidos em sacrifício, ora através de fenômenos naturais que se produziam em determinado período, como eclipses, raios e trovões.

6 - Na Bíblia, encontramos o episódio em que o rei Saul manifestou aos seus servos o desejo de consultar uma necromonte. Indicaram-lhe a *pitonisa de Endor*, que ele foi procurar, disfarçado, tomando outras vestes, porque havia proibido a prática oracular. Chegando à casa da pitonisa, à noite, disse-lhe para predizer-lhe o futuro, evocando um morto que ele designaria.

Ela recusou-se, dizendo que o estranho bem sabia que Saul expulsara do país os necromantes e os advinhos.

Ante a promessa de Saul, incógnito, de que nada lhe aconteceria, acedeu, e o rei mandou que ela evocasse Samuel. Ao ver o Espírito deste, a mulher, reconheceu em seu consulente Saul, soltando um grande grito.

O rei disse-lhe que não temesse, e mandou-lhe descrever o que via. Ante a descrição do Espírito feita pela pitonisa, "de um deus que subia da Terra", Saul reconheceu Samuel. Este, por intermédio da pitonisa, recriminou-o por tê-lo incomodado e anunciou-lhe o fim do seu reinado, que passaria às mãos de Davi.[2]

## Mediunismo bíblico

7 - Além do *mediunismo oracular*, encontramos na Sagrada Escritura, o relato de inúmeros acontecimentos que caracterizam outras formas de *mediunismo bíblico*.

São passagens da história do povo judeu que constituem fatos mediúnicos: o recebimento do Decálogo por Moisés, no monte Si-

2 V. o livro bíblico, *I De Samuel*, cap. 28, vv. 7-25.

nai, onde se produziram fenômenos de voz e de escrita diretas; as manifestações de ordem física produzidas por Absalão frente ao Faraó; o aparecimento de um agênere, que acompanhou Tobias na sua viagem a Ragés, cidade da Média; a escrita direta ocorrida no festim de Baltazar, rei da Babilônia, e assim por diante.

## Mediunismo profético

8 Todos os profetas eram médiuns. Eles representam a fase em que o mediunismo atingiu a individualização, passando os médiuns a agir sob sua própria responsabilidade, como emissários do Alto.

Não eram simples instrumentos de comunicação entre o mundo invisível e o visível.

Eram médiuns que recebiam as determinações dos Espíritos superiores e as interpretavam adequadamente.

Eles se revestiam de autoridade moral e pregavam a moralização dos costumes. Dirigiam-se diretamente aos poderosos, reis e governantes, para condenar-lhes publicamente o procedimento, exortando-os ao arrependimento e à regeneração. Ao mesmo tempo, anunciavam o destino que a Justiça Divina lhes reservava, profetizando acontecimentos futuros.

## Mediunidade positiva

9 - Com o advento de Jesus, o mediunismo bíblico atinge o ponto máximo de maturação e transforma-se em mediunidade positiva.

Jesus não era médium de outros Espíritos, mas, sim, o Excelso Médium de Deus.[3] Os "milagres" que ele fazia não eram fatos mediúnicos, mas eventos produzidos pelos seus próprios

---

3 V., no 3o volume, que trata da Teologia Espírita, o estudo sobre a natureza crística de Jesus, Espírito integrante da Comunidade dos Espíritos Puros, colaboradores diretos do Criador.

poderes, na qualidade de co-criador divino, responsável pela formação do planeta Terra e dos seres vivos que o habitam.[4]

10 - Ele preparou seus Apóstolos e Discípulos para a missão de dar continuidade à pregação do Cristianismo na Terra.

Esses seus seguidores mais próximos eram todos médiuns. Eles tiveram suas faculdades medianímicas mais desenvolvidas, aprimoradas e abençoadas pelas "línguas de fogo" que pairaram sobre suas cabeças, no Cenáculo de Jerusalém, após a Ressurreição do Divino Rabi.

Eram eles dotados de *mediunidade positiva*, pela qual sustentavam sua ligação com o mundo espiritual superior, do qual hauriam forças para combater o erro e o mal, sob a bandeira do Amor e da Caridade.

11 - Ao saírem do Cenáculo, no dia de Pentecostes, manifestou-se o fenômeno da xenoglossia[5] nas suas pregações. Ao falarem para partos, medas, elamitas, forasteiros romanos, cretenses e árabes, cada um os ouvia na sua língua pátria e todos se assombravam com isso.

"E faziam-se muitos milagres e prodígios entre o povo pelas mãos dos Apóstolos.... E também das cidades circunvizinhas de Jerusalém afluía uma multidão, trazendo enfermos e atormentados de espíritos imundos; os quais eram todos curados".[6]

Pedro "ressuscitou"[7] uma discípula, por nome Tabitha, que quer dizer Dorcas, na cidade de Joppe.

Outros fatos extraordinários ocorreram na vida e atos dos apóstolos, em decorrência de sua mediunidade.

---

4 No 3o volume deste livro, na parte relativa à Teologia Espírita, estudaremos detalhadamente a personalidade de Jesus, como encarnação do Cristo Planetário.

5 *Xenoglossia* = faculdade mediúnica de falar línguas, vivas ou mortas, desconhecidas do médium.

6 V. *Atos dos Apóstolos*, V, 12-32.

7 Já estudamos os casos de "ressurreição" no tomo I, ao qual remetemos o leitor. O que ocorre não é propriamente ressurreição, mas, sim, o despertar de morte aparente, ou algo parecido. O essencial é que o Espírito, com seu revestimento perispirítico, não se tenha desligado do corpo físico, possibilitando, assim, a revitalização deste, por meio da ação fluídoterápica do médium, conjugada com a dos operadores espirituais.

## Espiritismo e mediunidade

12 - Vimos, no capítulo anterior, que a prática mediúnica é antiqüíssima, tendo começado pelo mediunismo, nas suas mais variadas formas.

O mediunismo, anote-se, ainda uma vez mais, é praticado de modo natural, ao sabor do próprio fenômeno em si, sem disciplinação do respectivo processo. Nele inexistem um direcionamento, uma motivação racional, qualquer preocupação ética, ou sentido religioso, como acontece na mediunidade.

A esse respeito, escreveu Herculano Pires, com rara felicidade:

> "A diferença entre Mediunismo e Mediunidade está no problema de conscientização do problema mediúnico. Nas religiões primitivas não havia nem podia haver reflexão sobre os fenômenos e seu sentido e natureza.
>
> Tudo se resumia na aceitação dos fatos e nas tentativas de sua utilização para finalidades práticas, objetivas. A Mediunidade é o Mediunismo desenvolvido, recionalizado e submetido à reflexão religiosa e filosófica e às pesquisas científicas necessárias ao esclarecimento dos fenômenos, sua natureza e suas leis. Enquanto o Mediunismo absorve a herança mágica do passado e mistura-se com religiões, crenças e superstições de toda a espécie, a Mediunidade rejeita infiltrações que possam prejudicar a sua natureza racional e comprometer o seu desenvolvimento natural. Integrada na estrutura do Espiritismo, que a estuda e pesquisa através de suas instituições culturais e científicas, ela se torna cada vez mais numa área específica da Teoria do Conhecimento, que terá forçosamente de reconhecer os seus direitos na cultura geral do próximo século".[8]

13 - O estudo da mediunidade começou com as pesquisas do Prof. Denizard Rivail, ao observar o fenômeno das mesas girantes, por trás do qual percebeu existir algo de sério e relevante.

8 Aut. cit., em *Mediunidade (Vida e Comunicação)*; São Paulo, 1982, EDICEL, 4a ed., cap. VI, p. 44.

A evolução dos processos de comunicação espírita chegou a uma fase positiva com a psicografia. Foi através dela que Allan Kardec recebeu a Terceira Revelação.

Surgiram, então, médiuns confiáveis e dedicados na prática do mediunato, expressão esta criada pelos próprios Espíritos. Entre eles, destacaram-se Júlia e Carolina Boudin, com apenas 14 e 16 anos, que, em Paris, foram notáveis instrumentos dos Espíritos na transmissão dos seus ensinos a Kardec. Este contou também com a colaboração mediúnica da Srta. Jafet, de Didier Filho, Camille Flammarion, Victorien Sardou e muitos outros.

14 - Recebidos, dessa forma, os primeiros e mais importantes capítulos da Revelação Espírita, compendiou-os Kardec n' *O Livro dos Espíritos*, cuja primeira edição foi lançada em 18 de abril de 1857.

Já no ano seguinte, publicava o Codificador um pequeno volume intitulado "Instruções Práticas Sobre as Manifestações Espíritas", substituído, pouco depois, em janeiro de 1861, pel' *O Livro dos Médiuns*, em cujo frontispício o Autor assinalava ser "Continuação d' *O Livro dos Espíritos*".

Por aí, vê-se que, apenas lançado o livro básico da Doutrina Espírita, Kardec teve a preocupação de publicar, de imediato, um "Guia dos Médiuns e dos Doutrinadores", contendo "o ensino especial dos Espíritos sobre a teoria de todos os gêneros de manifestações, os meios de comunicação com o Mundo Invisível, o desenvolvimento da mediunidade, as dificuldades e os escolhos que se podem encontrar na prática do Espiritismo".

*O Livro dos Médiuns* é, portanto, um precioso livro de estudo sistemático e profundo da mediunidade, no qual, além do resultado de suas pesquisas pessoais e dos seus eruditos comentários, o Autor transcreveu os ensinos dos Espíritos sobre os mais variados temas mediúnicos que lhes propusera.

Vê-se, assim, a importância que Kardec atribuía ao estudo da mediunidade, não como fim, mas como meio de prática do Espiritismo, tanto para a aquisição de conhecimentos, quanto para o exercício da caridade.

Com isso, ele racionalizou a prática mediúnica, analisando sua natureza, pesquisando as leis que regem os fenômenos, submetendo a mediunidade à reflexão filosófica e religiosa, para lhe dar um sentido ético e objetivo.

Foi o Espiritismo, por conseguinte, que enobreceu a mediunidade, estudando-a do ponto de vista científico e recomendando sua prática segundo a Ética cristã.

15 - O Espiritismo é o Consolador prometido por Jesus, nos seus últimos dias na Terra, quando predizia aos seus discípulos os acontecimentos que se sucederiam e lhes fazia as últimas recomendações.

O registro evangélico assinala:

> "Se me amais, guardai os meus mandamentos; e eu rogarei a meu Pai e ele vos enviará outro Consolador, a fim de que fique eternamente convosco: - O Espírito de Verdade, que o mundo não pode receber, porque o não vê e absolutamente o não conhece. Mas, quanto a vós, conhecê-lo-eis, porque ficará convosco e estará em vós. - Porém, o Consolador, que é o Santo Espírito, que meu Pai enviará em meu nome, vos ensinará todas as coisas e vos fará recordar tudo o que vos tenho dito".[9]

Com essas palavras, Jesus afirmava que seu magistério divino não terminaria com a sua morte, mas continuaria para sempre, através do **Espírito de Verdade** - *que o mundo não pode receber, porque o não vê e absolutamente o não conhece*.

O mundo não poderia, nem pode ver o Espírito de Verdade, porque os Espíritos são invisíveis. Somente os médiuns videntes podem vê-los. E aqueles dotados de mediunidade de outras espécies podem receber suas mensagens, escritas ou orais.

*Mas, quanto a vós, conhecê-lo-eis*... Porque os discípulos de Jesus eram médiuns. *Porque ficará convosco e estará em vós*: o

---

9 João, cap. XIV, vv. 15 a 17, e 26.

Espírito de Verdade permaneceu com os Apóstolos, iluminando-os e sustendando-os no desempenho de sua santa missão de pregar o Cristianismo.

16 -O Espiritismo é o Consolador prometido! Os médiuns, que observam as lições do Cristo - os verdadeiros espíritas, portanto - são aqueles que transmitem a palavra do Espírito de Verdade, que fala em nome do Divino Mensageiro.

Há íntima relação entre a promessa do Cristo e a Revelação Espírita. A ponte entre uma e outra é o **Espírito de Verdade.**

No dia 25 de março de 1856, em casa do Sr. Boudin, por intermédio da mediunidade de uma das filhas deste, Allan Kardec, pela primeira vez, entrou em contacto direto com o seu Guia espiritual. Naquela época, como ele mesmo explica, o Codificador não fazia distinção entre as diversas categorias de Espíritos simpáticos. Dava-lhes a todos a denominação de Espíritos familiares.

Nessa ocasião, perguntou-lhe se consentia em dizer-lhe quem ele era, tendo obtido a seguinte resposta:

> "Para ti, chamar-me-ei **A Verdade**...."

Na continuação do diálogo, Kardec quis saber:

> "**P.**— O nome **Verdade**, que adotaste, constitui uma alusão à verdade que eu procuro?
>
> **R.**— Talvez; pelo menos, é um "guia que te protegerá e ajudará."[10]

Mais adiante, no livro citado, Kardec testemunha:

> "Nota - A proteção desse Espírito, cuja superioridade eu estava longe de imaginar, jamais, de fato, me faltou. A sua solicitude e a dos bons Espíritos que agiam sob suas ordens, se manifestou em todas as circunstâncias da minha vida, quer a me remover dificuldades materiais, quer a

---

10 Allan Kardec, *Obras Póstumas*, 2a Parte, cap. *A Minha Primeira Iniciação no Espiritismo*, item *Meu Guia espiritual.*

me facilitar a execução dos meus trabalhos, quer, enfim, a me preservar dos efeitos da malignidade dos meus antagonistas, que foram sempre reduzidos à impotência. Se as tribulações inerentes à missão que me cumpria desempenhar não me puderam ser evitadas, foram sempre suavizadas e largamente compensadas por muitas satisfações morais gratíssimas".

17 - O Espírito de Verdade, que, liderava um grupo de bons Espíritos, foi, portanto, com sua maravilhosa equipe, o grande inspirador de Allan Kardec, no desempenho da sua missão de receber e coordenar a Terceira Revelação, consubstanciando-a na Codificação Espírita.

Dessa grandiosa missão teve Kardec a primeira revelação, na casa do Sr. Roustan, por intermédio da Srta. Japhet (médium), na sessão de 30 de abril de 1856, da qual ele próprio dá a seguinte notícia:

> "Eu assistia, desde algum tempo, às sessões que se realizavam em casa do Sr. Roustan e começara aí a revisão do meu trabalho, que posteriormente formaria **O Livro dos Espíritos**. Numa dessas sessões, muito íntima, a que assistiam sete ou oito pessoas, falavam estas de diferentes coisas relativas aos acontecimentos capazes de acarretar uma transformação social, quando o médium, tomando da cesta, espontaneamente escreveu isto:
>
> "Quando o bordão soar, abandoná-lo-eis; apenas aliviareis o vosso semelhante; individualmente o magnetizareis, a fim de curá-lo. Depois, cada um no posto que lhe foi preparado, porque de tudo se fará mister, pois que tudo será destruído, ao menos temporariamente. Deixará de haver religião e uma se fará necessária, mas verdadeira, grande, bela e digna do Criador... Seus primeiros alicerces já foram colocados... **Quanto a ti, Rivail, a tua missão é aí.** (Livre, a cesta se voltou rapidamente para o meu lado, como o teria feito uma pessoa que me apontasse com o dedo.).... Ele, Rivail.... é o obreiro que reconstrói o que foi demolido."

Tudo está meridianamente claro! O Espiritismo é **o Consolador, o Espírito de Verdade**, prometido por Jesus! Allan Kardec, codificando a Doutrina Espírita, nos recordaria tudo o que o Divino

Mestre ensinara, acrescentando o que ele não pudera dizer à época em que estivera conosco (em virtude da falta de base cultural da Humanidade, naqueles dias). E reconstruiria tudo aquilo que a vaidade dos homens, aferrados aos seus interesses mesquinhos, houvesse destruído, reconstituindo a doutrina do Cristo na sua pureza original!

18 - Daí por diante, o Espiritismo, estudando a mediunidade e disciplinando sua prática, segundo os ensinamentos crísticos, garantiria a permanência do Espírito de Verdade entre nós, para guiar a Humanidade na sua romagem planetária, como item provacional da longa caminhada cósmica, que, um dia, nos fará atingir as estradas de luz do Infinito.

Para alcançarmos esse desiderato, cumpre observarmos o aconselhamento de outro bom Espírito:

> "…. É indispensável procurar na mediunidade não a chave falsa para certos arranjos inadequados na Terra, mas sim o caminho direito de nosso ajustamento à vida superior…. Reverenciemos, pois, o Espiritismo e a Mediunidade como dois altares vivos no templo da fé, através dos quais contemplaremos, de mais alto, a esfera das cogitações propriamente terrestres, compreendendo, por fim, que a glória reservada ao Espírito humano é sublime e infinita, no Reino Divino do Universo".[11]

11 André Luiz, *Nos Domínios da Mediunidade*, 2a ed. FEB, pp. 160/3, *apud* ADGMT, "*Dicionário de Doutrina Espírita*", verbete Mediunidade.

Capítulo V

# ANATOMIA E FISIOLOGIA DO PERISPÍRITO

*Sumário: Noções de anatomia perispiritual. - Perispírito e duplo etérico. - Centros de força (chakras) e plexos nervosos - Fisiologia do perispírito e mediunidade. - Estudando os centros de força.*

## Noções de anatomia perispiritual

1 - Sabemos que o homem é um ser trino: Espírito, perispírito e corpo físico.

O perispírito, também chamado *psicossoma*, *corpo espiritual*, *corpo astral*, ou *corpo perispirítico*, cuja natureza estudamos no 1º volume deste livro (2a Parte, cap. I, itens 14 a 18), é o corpo energético que envolve o Espírito propriamente dito, servindo de elemento de ligação entre este e o corpo carnal.

Após a libertação do Espírito pela morte física, ele permanece como expressão corpórea do Espírito, ou "veículo físico por excelência, com sua estrutura eletromagnética, algo modificado no que tange aos fenômenos genéticos e nutritivos, de acordo, porém, com as aquisições da mente que o maneja".[1]

O perispírito do desencarnado denomina-se *corpo psicossomático*.

2 - Kardec ensina que, "quando o Espírito tem de encarnar num corpo humano em vias de formação, um laço fluídico, que mais não é do que uma expansão do seu perispírito, o liga ao gérmen que o atrai por uma força irresistível, desde o momento da con-

1 André Luiz, em *Evolução em Dois Mundos*, psicog. de F.C. Xavier e Waldo Vieira; ed. FEB, cap. II.

cepção. À medida que o gérmen se desenvolve, o laço se encurta. Sob a influência do *princípio vito-material do gérmen*, o perispírito, que possui certas propriedades da matéria, se une, *molécula a molécula*, ao corpo em formação, donde o poder dizer-se que o Espírito, por intermédio do seu perispírito, *se enraíza*, de certa maneira, nesse gérmen, como uma planta na terra. Quando o gérmen chega ao seu pleno desenvolvimento, completa é a união; nasce então o ser para a vida exterior".[2]

3 - O laço fluídico, expansão do perispírito, que liga este ao embrião, é o chamado *cordão de prata*, já estudado.

Note-se este trecho da citação supra: "o perispírito, que possui certas propriedades da matéria, se une, *molécula a molécula*, ao corpo em formação...."

Para que haja essa união, *molécula a molécula*, entre o perispírito e o corpo físico, há de haver correspondência entre o corpo espiritual e o corpo material. Nem poderia ser de outra forma, porquanto sabido é que o primeiro é o *modelador* do segundo, da mesma maneira que o corpo mental é a matriz do perispírito.

Daí conclui-se que a anatomia do perispírito corresponde à anatomia do corpo somático. Mesmo porque, se aquele é a matriz deste, este não pode ter configuração anatômica diferente da daquele.

Somente uma diferença entre eles é possível e, de fato, existe. É o grau de concentração das energias que os formam. O corpo físico é mais consistente, mais material, porque é constituído de energia em grau de concentração mais elevado. O corpo espiritual, menos material, embora matéria ainda seja, resulta de concentração de energia em menor grau. É quintessenciado, fluídico, rarefeito, semimaterial, ou constituído de "matéria" de outro teor vibratório, de freqüência mais elevada.

4 - Perguntado a Emmanuel: "- Há órgãos no corpo espiritual?" - respondeu ele:

---

2 *A Gênese*, cap. XI, item 18.

"Dentro das leis substanciais que regem a vida terrestre, extensivas às esferas espirituais mais próximas do planeta, já **o corpo físico**, excetuadas certas alterações impostas pela prova ou tarefa a realizar, **é uma exteriorização aproximada do corpo perispiritual**, exteriorização essa que se subordina aos imperativos da matéria mais grosseira, no mecanismo das heranças celulares, as quais, por sua vez, se enquadram nas indispensáveis provações ou testemunhos de cada indivíduo". (O negrito é nosso.)[3]

É mais uma confirmação autorizada de que o corpo físico é uma cópia do perispírito, com todas as particularidades anatômicas.

Quando estudamos o fenômeno da *materialização*, vimos que William Crookes teve ocasião de verificar detalhes da anatomia e da própria fisiologia do perispírito, auscultando e tomando o pulso de Katie King (Espírito que, materializado, se submeteu às suas pesquisas científicas durante cerca de três anos), cortando-lhe mechas do cabelo e assim por diante.

## Perispírito e duplo etérico

5 - O perispírito não é vibratoriamente unitário, porquanto a concentração da energia de que ele é formado não é uniforme em toda a sua tessitura (ou extensão).

Os graus de concentração energética (condensação, como se diz vulgarmente) diferem conforme ele esteja mais próximo do Espírito (mais precisamente, do *corpo mental*) ou do corpo somático.

Como elemento intermediário, ele está entrelaçado tanto com o Espírito, quanto com o corpo físico. Na parte relacionada com o primeiro, ele é mais etéreo, mais fluídico, mais radiante. Quando se aproxima do corpo físico, torna-se mais denso, mais tendente à matéria.

---

3 Aut. cit., em *O Consolador*; psicog. de F. C. Xavier, ed. FEB, item 30.

Pode-se dizer, então, que ele possui duas estruturas, ou se subdivide em dois corpos: o *perispírito propriamente dito* (parte mais etérea, de menor concentração energética) e o *duplo etérico* (parte mais densa, que termina no corpo físico, confundindo-se com este).

Cada célula do corpo somático está ligada à sua correspondente do corpo espiritual por meio de campos de força. Noutras palavras, as células de ambos os corpos, o físico e o espiritual, interagem vibratoriamente.

## Centros de força (*chakras*) e plexos nervosos

*6 - No corpo físico, o sistema nervoso central, bem como o autônomo, representam expressões do duplo etérico e se irradiam por todo o corpo. Ou, como ensina André Luiz, "todo o campo nervoso da criatura constitui a representação das potências perispiríticas, vagarosamente conquistadas pelo ser, através de milênios e milênios.... O cérebro é o órgão sagrado da manifestação da mente".*[4]

Do cérebro parte o *sistema nervoso central*, constituído pelo encéfalo (cérebro, cerebelo, protuberância e bulbo), alongando-se pela medula espinhal, através dos orifícios das vértebras.

Já o *sistema nervoso periférico* é constituído dos numerosíssimos nervos que fazem a ligação entre o sistema nervoso central e todas as partes do corpo. Esses nervos formam dois grandes grupos: *nervos da vida de relação* e *nervos da vida vegetativa*, costituindo estes últimos o *sistema nevoso autônomo*, ou *sistema neurovegetativo*.

Os nervos da vida de relação obedecem a comandos conscientes, dependentes da vontade da pessoa. Proporcionam as percepções e sensações relativas ao meio ambiental, bem como ensejam o comando consciente de todas as partes do corpo.

---

4 Aut. cit., em *No Mundo Maior*, psicog. de F. C. Xavier; FEB, 10a ed., cap. 4 (*Estudando o cérebro*), pp. 54 e 55.

Já os nervos que constituem o sistema nervoso autônomo funcionam sem qualquer participação consciente ou voluntária do indivíduo, incumbindo-lhes coordenar a atividade orgânica ou visceral. Eles são responsáveis pela vida vegetativa e possuem um mecanismo auto-regulador, representado por dois grupos de nervos, os do *sistema simpático* e os do *sistema parassimpático*. Esses sistemas, que têm funções antagônicas (estimulantes e inibidoras), ao exercê-las segundo as conveniências orgânicas, determinam o equilíbrio funcional dos órgãos.

Em determinadas regiões, formam-se os *plexos*, que são redes formadas por nervos, que se entrecruzam e que ligam os gânglios aos órgãos da vida e da nutrição, inervando áreas específicas do organismo, nas sua diversas funções.

É através dos correspondentes perispiríticos dos plexos que se estabelece a ligação dos Espíritos com os encarnados, quer nos processos de mediunidade positiva, quer nos de mediunidade torturada, quando o indivíduo é colhido nas teias da obsessão, ou é vampirizado por Espíritos inferiores e malévolos.

7 - Os nervos, assim como o córtex motor e os lobos cerebrais, constituem elementos de ligação entre o perispírito e o corpo carnal, não se podendo afirmar onde termina o corpo espiritual e começa o aparelho físico.

Sabe-se, no entanto, que os plexos nervosos do corpo somático possuem, como correspondentes na organização perispirítica, os *centros vitais*, ou *centros de força*.

Também denominados *chakras* [5], são, no dizer de Pastorino, "turbilhões", ou "motos vorticosos", "que servem de ligação e captação das vibrações e dos elementos fluídicos do plano astral - que nos envolve externamente, passando tudo à parte astral solidificada em nosso corpo: os nervos".[6]

---

5 *Chakra*, em sânscrito, significa *roda*.

6 C. Torres Pastorino, em *Técnica da Mediunidade*; Rio de Janeiro, 1973, Sabedoria, 2a ed., p. 154.

Assim, a ligação eletromagnética entre o perispírito e o corpo físico se faz através dos *chakras*, no corpo espiritual, e dos plexos nervosos, no corpo físico, recebendo estes as vibrações e fluidos provenientes do plano astral.

Por isso, na fluidoterapia, o trabalho de *passes* se concentra onde localizados esses centros de força, para a transmissão de energia magnética e espiritual, tanto ao perispírito, quanto ao organismo do paciente, de acordo com as necessidades deste.

8 - Damos, a seguir, os principais centros de força, com os seus correspondentes e localizações no corpo físico:

| **Centros de força, no perispírito** | **No corpo físico** | **Localização** |
|---|---|---|
| Coronário | Epífise (g. pineal) | Região central do cérebro |
| Frontal | Plexos carotídeos e cavernoso | Entre as sombrancelhas (região frontal) |
| Umeral | Plexo branquial | Entre as omoplatas |
| Laríngeo | Plexo faríngeo | Na garganta |
| Cardíaco | Plexo cardíaco | Sobre o coração |
| Umbilical | Plexo solar | Sobre o umbigo |
| Esplênico | Plexo mesentérico | Sobre o baço |
| Fundamental ou Básico | Plexo sacro ou coccígeo | Na base da espinha dorsal |

## Fisiologia do perispírito e mediunidade

9 - O perispírito não é tão somente o modelador do corpo físico, mas rege, também, a atividade funcional dos órgãos deste, através dos centros de força nele localizados.

Isso explica a origem das doenças psicossomáticas, cuja gênese está na mente, que, por sua vez, rege o funcionamento dos centros vitais do perispírito, com repercussão na economia orgânica.

10 - É através desses centros de força, ou *chakras*, que se estabelece a ligação com o plano espiritual.

Conforme a atuação das entidades espirituais se faça neste ou naquele *chakra*, ocorrerá determinado mecanismo de mediunidade.

Por exemplo, se o Espírito "toma" o centro laríngeo - que atua sobre o plexo faríngeo - gera uma manifestação psicofônica. Se faz a ligação eletromagnética pelo *chakra* umeral, atuando indiretamente sobre o plexo braquial - que inerva o braço, a mão e os dedos - a comunicação far-se-á por psicografia mecânica.

Daí a importância do estudo da anatomia e da fisiologia do perispírito para o conhecimento dos mecanismos da mediunidade.

11 - Por outro lado, o conhecimento das localizações dos plexos e dos seus correspondentes perispiríticos ajuda o médium a dirigir conscientemente o trabalho fluidoterápico através dos passes, melhor cooperando com o terapeuta espiritual. Desse modo, os passes serão convenientemente direcionados para as partes do organismo patologicamente mais afetadas.

Não há dúvida de que a pessoa que se dispõe a ministrar passes, estando, ainda que elementarmente, para isso preparada, e o faz imbuída de sentimentos humanitários de auxílio ao próximo, contará sempre com a inspiração dos bons Espíritos. Mas, a conscientização dos meios terapêuticos e o conhecimento da anatomia organoperispiritual darão maior eficácia ao serviço.

## Estudando os centros de força

12 - O **centro coronário** está instalado na região central do cérebro, na direção da epífise, ou glândula pineal, e rege a atividade funcional dos órgãos do corpo físico, orientando o metabolismo orgânico, ao mesmo tempo em que recebe os estímulos do Plano Superior, a Luz do Alto, que ilumina a consciência das criaturas.

O centro coronário funciona ainda como controlador dos outros centros vitais, aos quais transmite os impulsos provenientes do Espírito.

13 - A esse respeito, preleciona André Luiz:

**"Dele parte.... a corrente de energia vitalizante formada de estímulos espirituais com ação difusível sobre a matéria mental que o envolve, transmitindo aos demais centros da alma os reflexos vivos dos nossos sentimentos, idéias e ações, tanto quanto esses mesmos centros, interdependentes entre si, imprimem semelhantes reflexos nos órgãos e demais implementos de nossa constituição particular, plasmando em nós próprios os efeitos agradáveis ou desagradáveis de nossa influência e conduta.**

**A mente elabora as criações que lhe fluem da vontade, apropriando-se dos elementos que a circundam, e o centro coronário incumbe-se automaticamente de fixar a natureza da responsabilidade que lhes diga respeito, marcando no próprio ser as conseqüências felizes ou infelizes de sua movimentação consciencial no campo do destino".**[7]

Explicando e analisando a lição de André Luiz, entendemos que: a) o centro coronário recebe os estímulos espirituais, que se difundem sobre a matéria mental que o envolve, e passa a transmitir a todos os outros centros a corrente de energia vitalizante assim formada; b) ao mesmo tempo, exerce outra função paralela que lhe incumbe: a de transmitir aos demais centros da alma os reflexos vivos de nossos sentimentos, idéias e ações, decorrentes das elaborações criativas da mente; c) esses mesmos centros, que são interdependentes, imprimem semelhantes reflexos nos órgãos do corpo físico, através dos plexos nervosos; d) desse modo, o centro coronário imprime no próprio ser as conseqüências, felizes ou infelizes, da nossa influência e conduta, fixando a natureza da responsabilidade que lhes diga respeito no campo do destino.

14 - No campo da mediunidade, é pelo centro coronário que os médiuns recebem as comunicações pelo processo de conjugação de ondas mentais, que se estabelece mediante a necessária sintonia. Essas comunicações podem provir de Espíritos, caso em que constituirão manifestações espíritas; ou de mentes encarnadas, por processo telepático, com a utilização do sentido psíquico ou espiritual.

---

7 Aut. cit., em *Evolução Em Dois Mundos*, psicog. de F. C. Xavier e Waldo Vieira; FEB, 7a ed., cap. II.

Nessas comunicações realizadas através do centro coronário, pelo processo de conjugação de ondas, o comunicante não verbaliza a mensagem, mas sim transmite-a pelo pensamento, que o médium traduz com suas próprias palavras e estilo, dando-lhe o seu próprio *colorido*.

15 - O **centro frontal,** também denominado **centro cerebral,** localiza-se igualmente na cabeça, nas proximidades do centro coronário, na região frontal, entre as sobrancelhas.

Ele também exerce influência sobre os demais centros da alma. É responsável pela sustentação dos sentidos e pela administração do sistema nervoso, tanto o central quanto o autônomo, dirigindo a atividade das glândulas endócrinas. Exerce papel preponderante no desenvolvimento da inteligência e do raciocínio, bem como de todas as faculdades intelectuais.

16 - É através do centro frontal que se realizam as manifestações visuais, tanto a vidência mediúnica ou interna, quanto a clarividência (visão externa, pelo sentido psíquico ou espiritual), como também a percepção de quadros fluídicos criados pela ação mental de desencarnados, do próprio médium ou de outro encarnado (formas-pensamentos).

Outra função sua é a emissão de raios mentais, ou irradiações, que podem ser positivas ou negativas, de acordo com a vontade do emitente.

17 - O **centro umeral** fica situado entre as omoplatas, correspondendo ao plexo braquial. Através deste, comanda os movimentos dos braços, antebraços, mãos e dedos.

É por intermédio dele que o Espírito comunicante faz a ligação fluídica direta com o médium, para a produção da *psicografia mecânica.* Como a comunicação não é feita através do cérebro, mas diretamente pelo comando dos órgãos da escrita, o médium não tem consciência da mensagem, da qual só posteriormente poderá tomar conhecimento.

18 - O **centro laríngeo** localiza-se na região que corresponde ao plexo faríngeo, na garganta do corpo físico, mais ou menos na altura da tiróide. Controla a respiração e a fonação.

Pela ligação fluídica do Espírito comunicante com esse centro geram-se as comunicações psicofônicas inconscientes. Em virtude dessa ligação direta com o *chakra*, que atua sobre o plexo nervoso, às vezes, o médium fala com a voz que o Espírito tinha quando encarnado e com o sotaque que lhe era peculiar. Outras vezes, o médium reproduz a língua original do comunicante, ainda que para ele desconhecida, no fenômeno denominado *xenoglossia*.

19 - O **centro cardíaco**, localizado na região perispirítica do coração, na posição correspondente ao plexo cardíaco, tem por função controlar o sistema circulatório, a partir das pulsações do seu órgão central, dirigindo a emotividade.

É por ele que os Guias ou Mentores fazem ligação fluídica com os médiuns, quando estes os incorporam para a realização dos trabalhos de passes e curas mediúnicas.

20 - O **centro umbilical**, ou **gástrico**, correspondente ao plexo solar, que fica no estômago, mais ou menos na altura do umbigo, dirige a digestão e é responsável pela absorção dos alimentos e sua transformação em energia a ser distribuída por todo o organismo. Controla também o sistema vago-simpático, na parte governada pelo plexo solar.

Esse centro é muito sensível às influências dos Espíritos inferiores, que a ele geralmente se ligam nos processos obsessivos. Por isso, nesses casos, sobre ele devem concentrar-se os passes, tanto de "limpeza" quanto de vitalização, que visam a melhora do obsidiado.

É também através dele que, nas sessões mediúnicas socorristas, se faz a ligação dos Espíritos sofredores e obsessores com os médiuns, a fim de serem auxiliados ou doutrinados.

21 - O **centro esplênico**, situado na região perispirítica que corresponde ao plexo mesentérico, sobre o baço, é responsável pelo controle das atividades do sistema hemático, governando as variações do sangue, tanto relativamente aos seus componentes, quanto ao seu volume.

É pela concentração dos passes sobre ele que se faz a vitalização do organismo.

22 - O **centro genésico, fundamental,** ou **básico,** corresponde ao plexo sacro, ou coccígeo, localizado na base da espinha dorsal, na região do períneo, e é o responsável pelos estímulos criadores que levam à reprodução e geração de novos seres, modelando novas formas para a continuidade da vida no planeta.

É por intermédio dele que se absorvem as energias que fluem da terra, mas deve-se ter muito cuidado para que ele não seja excessivamente estimulado, para nâo desencadear o descontrole das forças sexuais.

Nele fixam-se os obsessores para vampirizar o indivíduo, sugando-lhe a energia vital das gônadas.

A atuação desses obsessores torna suas vítimas altamente sexualizadas e insaciáveis, sem qualquer freio diante dos seus desejos exacerbados.

Tais efeitos podem ser combatidos pelos trabalhos de desobsessão e de fluidoterapia, com a concentração dos passes no respectivo centro vital.

# Capítulo VI

# DOS MÉDIUNS

***Sumário: Classificação geral. - Médiuns de efeitos físicos. - Médiuns de efeitos intelectuais. - Médiuns falantes. - Médiuns escreventes ou psicógrafos. - Médiuns pintores ou desenhistas e médiuns músicos. - Médiuns inspirados, de pressentimentos e proféticos. - Médiuns sonambúlicos e extáticos. - Médiuns de efeitos sensoriais. - Outras classificações. - Variedades dos médiuns escreventes. - Pode haver mediunidade nos animais?***

## Classificação geral

1 - Como já vimos anteriormente, do ponto de vista técnico, só se qualificam como médiuns aqueles em quem a faculdade mediúnica se mostra bem caracterizada e se traduz por efeitos patentes, de certa intensidade, o que então depende de uma organização mais ou menos sensitiva.[1]

A faculdade mediúnica, porém, não se apresenta com as mesmas características em todos os médiuns. Pode-se mesmo dizer que cada médium possui um tipo de mediunidade peculiar. É como o estilo literário: cada um tem o seu próprio. Não se encontram dois médiuns totalmente iguais no modo de instrumentar as manifestações espíritas.

Todavia, considerando os mecanismos da mediunidade e o processo das comunicações, podemos classificá-los em grupos com características gerais idênticas.

1 LM, Cap. XIV, item 159.

Kardec observou que, geralmente, os médiuns têm uma aptidão especial para os fenômenos desta, ou daquela ordem, donde resulta que formam tantas variedades, quantas são as espécies de manifestações. Ele considerou como principais: *a dos médiuns de efeitos físicos;* a *dos médiuns sensitivos,* ou *impressionáveis;* a *dos audientes;* a *dos videntes; a dos sonambúlicos; a dos curadores; a dos pneumatógrafos; a dos escreventes, ou psicógrafos.*[2]

2 - Essa classificação, como se vê, leva em consideração algumas espécies de manifestações, que Kardec advertiu serem as principais. Nos capítulos seguintes, ele acrescentou muitas outras espécies, sempre do ponto de vista da natureza do fenômeno produzido, de acordo com as observações então feitas.

3 - Adotamos, com ligeiras modificações de ordem didática, essa classificação, constante d'*O Livro dos Médiuns*, capítulo XVI, precedendo-a de uma genérica, nossa, de caráter introdutório, e intercalando comentários e explicações que consideramos úteis para melhor compreensão do leitor.

Assim, de modo geral, podemos agrupar os médiuns de acordo com a classificação tradicionalmente adotada para a natureza das manifestações.

Teremos, então: *os médiuns de efeitos físicos, os médiuns de efeitos intelectuais e os médiuns de efeitos sensoriais* (principalmente os videntes e auditivos, sem exclusão de outras possíveis modalidades, como a dos médiuns olfativos).[3]

## Médiuns de efeitos físicos

4 - Os *médiuns de efeitos físicos* - e a definição é do próprio Kardec - são particularmente aptos a produzir fenômenos materiais, como os movimentos dos corpos inertes, ou ruídos, etc.

---

2 *Idem, ibidem.*

3 Na Codificação Kardequiana, não estão mencionadas as *manifestações de ordem sensorial*, item que criamos para agrupar aquelas que são percebidas mediunicamente através dos sentidos físicos. N'*O Livro dos Médiuns,* estão mencionadas as *manifestações visuais, que evidentemente pertencem a essa categoria.*

Conquanto inerente à espécie humana, conforme já dissemos, semelhante faculdade longe está de existir em todos no mesmo grau.

Os efeitos de ordem física, lembremos, são, em síntese: a rotação de um objeto, pancadas produzidas mediante o levantamento desse objeto, ou na sua própria substância; ruídos, barulhos e perturbações; tiptologia; lançamento de objetos; assombrações; transporte; levitação; pneumatografia (escrita direta) transfiguração e materialização.

Os *médiuns de efeitos físicos* são, portanto:

*Médiuns tiptólogos*: os que, voluntária ou involuntariamente, produzem ruídos e pancadas;

*Médiuns motores*: os que produzem movimentos dos corpos inertes, podendo subdividir-se em:

*Médiuns de translações*: também chamados *médiuns de transporte* (os que produzem a translação de objetos através do espaço, isto é, o fenômeno do *transporte*) e em *médiuns de suspensões*, os que produzem a suspensão de pessoas, animais ou objetos, sem qualquer ponto de apoio, ou ainda, os que podem elevar-se a si próprios (médiuns que produzem o fenômeno da levitação);

*Médiuns de efeitos musicais*: os que provocam a execução de música em certos instrumentos, sem contacto com estes; não são os médiuns que tocam os instrumentos; eles apenas fornecem seus fluidos, que o Espírito executante combina com o fluido universal, para atuar sobre as teclas do piano, ou sobre as cordas de outros instrumentos, ou para produzir o sopro que faz vibrar a flauta, o clarinete, etc.

*Médiuns de aparições* (muito raros): os que podem provocar as aparições fluídicas ou tangíveis, podendo ser denominados, respectivamente, *médiuns de ectoplasmia* e *médiuns de materialização*;

*Médiuns noturnos*: os que só obtêm certos efeitos físicos na obscuridade [4];

---

4 **Kardec obteve do Espírito Erasto a seguinte resposta à sua pergunta sobre a possibilidade de se considerarem esses médiuns como uma variedade:**

*Médiuns pneumatógrafos*: os que obtêm a escrita direta. Fenômeno muito raro e, sobretudo, muito fácil de ser imitado pelos trapaceiros.[5]

*Médiuns curadores*: os que têm o poder de curar ou aliviar o doente, pela só imposição das mãos, ou pela prece. Os Espíritos esclareceram a Kardec:

> **"Esta faculdade não é essencialmente mediúnica; possuem-na todos os verdadeiros crentes, sejam médiuns ou não. As mais das vezes é apenas uma exaltação do poder magnético, fortalecido, se necessário, pelo concurso de bons Espíritos" (V. LM, n. 175).**

*Médiuns excitadores*: pessoas que têm o poder de, por sua influência, desenvolver nas outras a faculdade da psicografia. Anote-se a seguinte observação dos Espíritos a este respeito:

> **"Aí há antes um efeito magnético do que um caso de mediunidade propriamente dita, porquanto nada prova a intervenção de um Espírito. Como quer que seja, pertence à categoria dos efeitos físicos".**

---

"Certamente se pode fazer disso uma especialidade, mas esse fenômeno é devido mais às condições ambientes do que à natureza do médium, ou dos Espíritos. Devo acrescentar que alguns escapam a essa influência do meio e que os médiuns noturnos, em sua maioria, poderiam chegar, pelo exercício, a operar tão bem no claro, quanto na obscuridade. É pouco numerosa esta espécie de médiuns. E, cumpre dizê-lo, graças a essa condição, que oferece plena liberdade ao emprego dos truques da ventriloquia e dos tubos acústicos, é que os charlatães hão abusado muito da credulidade, fazendo-se passar por médiuns, a fim de ganharem dinheiro. Mas, que importa? Os trampolineiros de gabinete, como os da praça pública, serão cruelmente desmascarados e os Espíritos lhes provarão que andam mal, imiscuindo-se na obra deles. Repito: alguns charlatães receberão, de modo bastante rude, o castigo que os desgostará do ofício de falsos médiuns. Aliás, tudo isso pouco durará". (LM, cap. XVI, item 189).

Herculano Pires, em nota a esse tópico, na sua tradução d'*O Livro dos Médiuns*, acrescenta: "Estudos dos profs. Imoda, Richet e Fontenay, publicados no livro do primeiro, "Fotografias de Fantasmas", referente a experiências com a médium Linda Gazzera, sustentam cientificamente essa mesma tese de Erasto, de que os *médiuns noturnos* podem passar a agir em plena luz, mediante a evolução do fenômeno. As sessões no escuro são, hoje, numerosas e seria bom que o aviso de Erasto fosse mais lido e divulgado, em benefício dos próprios médiuns".

5 Nota de Kardec: "Os Espíritos insistiram, contra a nossa opinião, em incluir a escrita direta entre os fenômenos de ordem física, pela razão, disseram eles, de que: "Os efeitos inteligentes são aqueles para cuja produção o Espírito se serve dos materiais existentes no cérebro do médium, o que não se dá na escrita direta. A ação do médium é aqui toda material, ao passo que no médium escrevente, ainda que completamente mecânico, o cérebro desempenha sempre um papel ativo."

5 - Os médiuns de efeitos físicos podem dividir-se, segundo Kardec, em *médiuns facultativos* e *médiuns involuntários*.

Os *médiuns facultativos* são os que têm consciência do seu poder e que produzem fenômenos espíritas por ato da própria vontade.

Os *médiuns involuntários* ou *naturais* são aqueles cuja influência se exerce a seu mau grado. Nenhuma consciência têm do poder que possuem e, muitas vezes, o que de anormal se passa em torno deles não se lhes afigura de modo algum extraordinário. Isso faz parte deles, exatamente como se dá com as pessoas dotadas de dupla vista, coisa de que nem suspeitam.... Manifestam-se em todas as idades e, freqüentemente, em crianças ainda muito novas.[6]

## Médiuns de efeitos intelectuais

6 - Os *médiuns de efeitos intelectuais* são aqueles capazes de produzir as chamadas *manifestações inteligentes*, isto é, aquelas "para cuja produção o Espírito se serve dos materiais existentes no cérebro do médium".

São os médiuns que servem de instrumento às comunicações mais aprimoradas entre o mundo espiritual e o mundo material.

Essas comunicações se fazem: a) mediante transmissão da palavra, ou da obra de arte, de autoria direta do Espírito comunicante; ou, b) por meio da transmissão tão somente do pensamento, da idéia, incumbindo ao médium dar-lhe forma, com a utilização dos seus próprios recursos intelectuais.

7 - No primeiro caso (*a*), o comunicante, através dos centros de força localizados no perispírito do médium, aciona os implementos cerebrais deste, bem como seus prolongamentos nervosos.

Nos processos de sonambulismo, o Espírito se assenhoreia da organização física do médium, por este cedida. Desse modo, ele pode falar (psicofonia sonambúlica), escrever (psicografia mecânica), andar e produzir gestos e movimentos como se fosse o

---

6 LM, cap. XIV, item 160.

próprio médium. Este, no entanto, detém sempre o controle da manifestação, podendo interrompê-la quando julgar conveniente.

Nos processos de incorporação consciente, o comunicante, ficando ligado ao cérebro do médium por fios à semelhança de eletrodos e imanando-se à corrente nervosa. apossa-se apenas do *chakra* laríngeo ou do *chakra* umeral do médium, para, através dos plexos correspondentes (respectivamente, o faríngeo e o braquial), produzir a psicofonia consciente ou a psicografia semimecânica.

8 - No segundo caso (*b*), a comunicação faz-se pelo processo de conjugação de ondas, pela simples transmissão do pensamento, caso em que o médium terá de verbalizá-lo com os seus próprios vocabulário e estilo.

Tais distinções devem ser levadas em conta e aplicadas a cada caso de mediunidade.

9 - Kardec classificou os médiuns de efeitos intelectuais num só grupo, tendo em vista suas diversas aptidões, mas sem considerar os respectivos mecanismos, à época, ainda não revelados e que, por isso mesmo, ainda não haviam sido estudados.

Passamos a reproduzir essa classificação, advertindo, porém, que excluimos desse grupo os *médiuns de efeitos sensoriais*,[7] que, sem quebra da fidelidade aos critérios do insigne Codificador, preferimos classificar à parte, para fins didáticos.

Por outro lado, após cada definição de Kardec, acrescentamos explicações e comentários nossos.

## Médiuns falantes

10 - *Médiuns falantes,* ou *psicofônicos* (Kardec não deu este sinônimo, não registrado na Codificação): os que falam sob a influência dos Espíritos.

---

7 N'*O Livro dos Médiuns*, não figura a classe dos *médiuns de efeitos sensoriais*. Essa classificação foi criada por nós. Naquele livro, estão estudadas as manifestações de ordem física, as de efeitos intelectuais e as manifestações visuais. Como, além das últimas, existem também as manifestações auditivas, achamos que, didaticamente, seria interessante classificar os médiuns que as produzem como *médiuns de efeitos sensoriais*, tendo em vista a natureza das manifestações correspondentes, que decorrem da ação dos Espíritos sobre os órgãos sensoriais.

Cumpre observar que o médium falante, tanto pode realizar a comunicação em virtude de incorporação, quanto de transmissão do pensamento.

Quando há incorporação, pode ocorrer tanto a *psicofonia sonambúlica*, quanto a *psicofonia consciente*, já estudadas no tomo II deste 2º volume.

Quando o processo é o de tansmissão do pensamento, temos a *psicofonia intuitiva*.

## Médiuns escreventes ou psicógrafos

11 - *Médiuns escreventes* ou *psicógrafos*: os que têm a faculdade de escrever por si mesmos sob a influência dos Espíritos.

Segundo o modo de execução, subdividem-se em:

*Médiuns esceventes mecânicos*: aqueles cuja mão recebe um impulso involuntário e que nenhuma consciência têm do que escrevem. Muito raros.

Acrescentamos tratar-se dos médiuns sonambúlicos, que recebem a comunicação por processo análogo ao da psicofonia sonambúlica. Não têm consciência do que escrevem, porque a mensagem não passa pelo seu cérebro perispiritual,[8] tendo em vista que o comunicante assume diretamente o comando da sua organização física, quando o médium-alma se afasta, cedendo-a.

*Médiuns semimecânicos*: aqueles cuja mão se move involuntariamente, mas que têm, instantaneamente, consciência das palavras ou das frases, à medida que escrevem. São os mais comuns.

Esclarecemos que isso ocorre quando a psicografia se processa de modo análogo ao da psicofonia consciente.

O médium toma conhecimento simultâneo da mensagem, porque esta é transmitida através de seus mecanismos cerebrais,

---

8 É no cérebro perispiritual que se faz a conscientização, da qual resulta o registro na memória atual, isto é, do ser encarnado. Não passando a mensagem por ele, o médium não se lembrará do que ocorreu.

após ter sido feita a ligação eletromagnética entre os cérebros perispiríticos, dele e do comunicante.

*Médiuns intuitivos*: aqueles com quem os Espíritos se comunicam pelo pensamento e cuja mão é conduzida voluntariamente. Diferem dos médiuns inspirados em que estes últimos não precisam escrever, ao passo que o médium intuitivo escreve o pensamento que lhe é sugerido instantaneamente sobre um assunto determinado e provocado.

"São muito comuns, mas também muito sujeitos a erro, por não poderem muitas vezes discernir o que provém dos Espíritos do que deles próprios emana".

Os médiuns intuitivos - explicitamos - são os que recebem a mensagem por transmissão do pensamento, pelo processo de conjugação de ondas, semelhante ao telepático.

*Médiuns polígrafos*: aqueles cuja escrita muda a cada Espírito que se comunica, ou aptos a reproduzir a escrita que o Espírito tinha em vida. O primeiro caso é muito vulgar; o segundo, o da identidade da escrita, é muito raro.

*Médiuns poliglotas*: os que têm a faculdade de falar, ou escrever, em línguas que lhes são desconhecidas. Muito raros.

*Médiuns iletrados*: os que escrevem, como médiuns, sem saberem ler, nem escrever, no estado ordinário.

Esses médiuns, esclarecemos, só podem escrever mensagens mediante incorporação sonambúlica (psicografia mecânica), de modo a poder o comunicante assenhorear-se da sua organização física.

## Médiuns pintores ou desenhistas e médiuns músicos

12 - *Médiuns pintores* ou *desenhistas*: os que pintam ou desenham sob a influência dos Espíritos (*médiuns psicopictógrafos*). "Falamos dos que obtêm trabalhos sérios, visto não se poder dar esse nome a certos médiuns que Espíritos zombeteiros levam a fazer coisas grotescas, que desabonariam o mais atrasado estudante".

13 - *Médiuns músicos*: os que executam, compõem, ou escrevem músicas (*médiuns psicomusicógrafos*), sob a influência dos Espíritos. Há médiuns músicos mecânicos, semimecânicos, intuitivos e inspirados, como os há para as comunicações literárias.

Não confundi-los com os *médiuns de efeitos musicais*, já definidos e que são médiuns de efeitos físicos.

## Médiuns inspirados, de pressentimentos e proféticos

14 - *Médiuns inspirados*: aqueles a quem, quase sempre mau grado seu, os Espíritos sugerem idéias, quer relacionadas aos atos ordinários da vida, quer com relação aos grandes trabalhos da inteligência.

Comportam grande variedade: escritores, poetas, oradores, músicos, pintores, cientistas, etc.

São pessoas que, na realização dos seus trabalhos e profissões, recebem, geralmente sem o saber, a inspiração de Mentores espirituais.

15 - *Médiuns de pressentimentos*: pessoas que, em dadas circunstâncias, têm uma intuição vaga de coisas vulgares que ocorrerão no futuro.

16 - *Médiuns proféticos*: variedade dos médiuns inspirados, ou de pressentimentos. Recebem, permitindo-o Deus, com mais precisão do que os médiuns de pressentimentos, a revelação de coisas futuras de interesse geral e são incumbidos de dá-las a conhecer aos homens, para instrução destes.

"Se há profetas verdadeiros, mais ainda os há falsos, que consideram revelações os devaneios da própria imaginação, quando não são embusteiros que, por ambição, se apresentam como tais". (Veja-se, em *O Livro dos Espíritos*, o n. 624 - "Características do verdadeiro profeta".)

## Médiuns sonambúlicos e extáticos

17 - *Médiuns sonâmbulos*: os que, em estado de sonambulismo, são assistidos por Espíritos.

Kardec distingue, com muita propriedade, o *sonâmbulo* do *médium sonambúlico.* O primeiro age sob a influência do seu próprio Espírito; é sua alma que, nos momentos de emancipação, vê, ouve e percebe, fora dos limites dos sentidos. O *médium*, ao contrário, é instrumento de uma inteligência estranha; é passivo e o que diz não vem de si.[9]

O médium sonambúlico, acrescentamos, é aquele que produz a *psicofonia sonambúlica* e a *psicografia mecânica*, já estudadas.

18 - *Médiuns extáticos*: os que, em estado de êxtase, recebem revelações da parte dos Espíritos.

"Muitos extáticos são joguetes da própria imaginação e de Espíritos zombeteiros que se aproveitam da exaltação deles. São raríssimos os que mereçam inteira confiança".

## Médiuns de efeitos sensoriais

19 - Classificamos como *médiuns de efeitos sensoriais* aqueles que fazem percepções pelos sentidos orgânicos, sob a ação dos Espíritos.

As definições são de Kardec, nossos os comentários. São os seguintes:

20 - *Médiuns audientes*: os que ouvem os Espíritos. Muito comuns.

Observação nossa: esses médiuns são os que são dotados da faculdade denominada *audição interna*, pela qual o comunicante produz vozes e sons diretamente no vestíbulo (cóclea) do medianeiro.

Não confundi-los com os *sensitivos clariaudientes*, que ouvem os Espíritos externamente, utilizando o sentido psíquico ou espiritual.[10]

21 - *Médiuns videntes:* os que, em estado de vigília, vêem os Espíritos. A visão acidental e fortuita de um Espírito, numa

---

9 V. LM, cap. XIV, itens 172 a 174.

10 V. nosso tomo I, deste 2o volume, capítulo XII, item 22.

circunstância especial, é muito freqüente; mas, a visão habitual, ou facultativa dos Espíritos, sem distinção, é excepcional.

"É uma aptidão a que se opõe o estado atual dos órgãos visuais. Por isso é que cumpre nem sempre acreditar na palavra dos que dizem ver os Espíritos".

Observação: os médiuns videntes não vêem com os olhos, nem com a alma (sentido psíquico ou espiritual), mas percebem as imagens que os Espíritos produzem diretamente no diencéfalo.

André Luiz descreve o mecanismo dessa mediunidade, explicando que, atuando sobre os raios mentais do medianeiro, o desencarnado transmite-lhe quadros e imagens, valendo-se dos centros autônomos da visão profunda, localizados no diencéfalo. É a chamada *visão interna.*[11]

22 - Outra modalidade de mediunidade de efeitos sensoriais é a de que são dotados os *médiuns olfativos* (a qualificação é nossa). São médiuns que possuem a faculdade de perceber os odores do plano astral, assim como os do Espírito comunicante e do ambiente extrafísico em que este se encontra, ou no qual se desloca.

## Outras classificações

23 - Até aqui, vimos a classificação principal dos médiuns, que não pode ser ignorada por aqueles que estudam o Espiritismo Experimental.

Outras classificações, secundárias, foram feitas por Kardec, na sua preocupação de bem orientar os adeptos da Doutrina, então nascente, prevenindo-os contra os maus médiuns, os charlatães, os embusteiros e os falsos profetas da erraticidade.

Vamos mencioná-las de modo sintético, deixando àqueles que tiverem interesse por essas minúcias, um tanto ou quanto supérfluas num estudo de ordem geral, a tarefa de conhecê-las de maneira mais profunda indo ao texto d'*O Livro dos Médiuns*.

---

11 V. *idem, ibidem.*

## Variedades dos médiuns escreventes

24 - Os médiuns escreventes, no referido livro da Codificação, estão agrupados em cinco categorias: 1a) *segundo o modo de execução*; 2a) *Segundo o desenvolvimento da faculdade*; 3a) *segundo o gênero e a parcialidade das comunicações*; 4a) *segundo as qualidades físicas do médium*; 5a) *segundo as qualidades morais dos médiuns*.

Apenas mencionaremos as classes que compõem essas categorias, sem conceituá-las, pelos motivos já indicados e mesmo porque sua simples enunciação já sugere os respectivos conceitos.

25 - A primeira categoria, a dos *médiuns segundo o modo de execução*, compõe-se dos: a) *médiuns mecânicos*; b) *médiuns semimecânicos*; c) *médiuns intuitivos*; d) *médiuns polígrafos*; e) *médiuns poliglotas*.

Quando tratamos dos *médiuns escreventes ou psicógrafos*, incluímos no respectivo estudo as variedades supra, por terem inegável relevância, do ponto de vista dos mecanismos da mediunidade.

26 - A segunda categoria, a dos *médiuns segundo o desenvolvimento da faculdade*, é formada pelos: a) *médiuns novatos*; b) *médiuns improdutivos*; c) *médiuns feitos* ou *formados*; d) *médiuns lacônicos*; e) *médiuns explícitos*; e) *médiuns experimentados*; f) *médiuns maleáveis*; g) *médiuns exclusivos*; h) *médiuns para evocação*; i) *médiuns para ditados espontâneos*.

27 - A terceira categoria, a dos *médiuns segundo o gênero e a parcialidade das comunicações*, é constituída pelos: a) *médiuns versejadores*; b) *médiuns poéticos*; c) *médiuns positivos*; d) *médiuns literários*; e) *médiuns incorretos*; f) *médiuns historiadores*; g) *médiuns científicos*; h) *médiuns receitistas*; i) *médiuns religiosos*; j) *médiuns filósofos e moralistas*.

"Todos estes matizes constituem variedade de aptidões dos médiuns bons. Quanto aos que têm uma aptidão especial para comunicações científicas, históricas, médicas e outras, fora do alcance de suas especiali-

**dades atuais, fica certo de que possuíram, em anterior existência, esses conhecimentos, que permaneceram neles em estado latente, fazendo parte dos materiais cerebrais de que necessita o Espírito que se manifesta; são os elementos que a este abrem caminho para a transmissão de idéias que lhe são próprias, porquanto em tais médiuns encontra ele instrumentos mais inteligentes mais maleáveis do que num ignaro." - (Erasto).**[12]

A essas classes de *médiuns bons*, acrescenta Kardec uma última, que foge a essa qualidade: a dos *médiuns de comunicações triviais e obscenas*, observando que "estas palavras indicam o gênero de comunicações que alguns médiuns recebem habitualmente e a natureza dos Espíritos que as dão".

28 - A quarta categoria, a dos *médiuns segundo as suas qualidades físicas*, compreende as classes dos: a) *médiuns calmos*; b) *médiuns velozes*; c) *médiuns convulsivos*.

29 - A quinta e última categoria é a dos médiuns *segundo as suas qualidades morais*.

**Esta classificação não é exclusiva dos médiuns escreventes, mas sim, dos médiuns em geral**, porquanto compreende: os *médiuns imperfeitos* e os *bons médiuns*.

Os *médiuns imperfeitos* são : os *obsidiados*, que se subdividem em *fascinados* e *subjugados* (v., mais adiante, o capítulo *Obsessão*); os *levianos*, os *indiferentes*, os *presunçosos*, os *orgulhosos*, os *susceptíveis*, os *mercenários*, os *ambiciosos*, os *de má-fé*, os *egoístas* e os *invejosos*.

Os *bons médiuns* são: os *médiuns sérios*, os *médiuns modestos*, os *médiuns devotados*, e os *médiuns seguros*.

Allan Kardec finaliza esse capítulo [13] com a seguinte observação:

**"O estudo da especialidade dos médiuns não só lhes é necessário, como também ao evocador. Conforme a natureza do Espírito que se deseja chamar e as perguntas que se lhe quer dirigir, convém se escolha o médium**

---

12 **A observação de Erasto refere-se, com maior propriedade, aos *médiuns intuitivos*, isto é, àqueles que recebem comunicações dos Espíritos por transmissão do pensamento, que verbalizam com a utilização dos seus próprios recursos culturais.**

13 **LM, cap. XVI.**

mais apto ao que se tem em vista. Interrogar o primeiro que apareça é expor-se a receber respostas incompletas, ou errôneas. Tomemos aos atos comuns um exemplo. Ninguém confiará a redação de qualquer trabalho, nem mesmo uma simples cópia, ao primeiro que encontre, apenas porque saiba escrever. Suponhamos um músico, que queira seja executado um trecho de canto por ele composto. Muitos cantores, hábeis todos, se acham à sua disposição. Ele, entretanto, não os tomará ao acaso: escolherá, para seu intérprete, aquele cuja voz, cuja expressão, cujas qualidades todas, numa palavra, digam melhor com a natureza do trecho musical. O mesmo fazem os Espíritos, com relação aos médiuns, e nós devemos fazer como os Espíritos.

Cumpre, além disso, notar que os matizes que a mediunidade apresenta e aos quais outros mais se poderiam acrescentar, nem sempre guardam relação com o caráter do médium. Assim, por exemplo, um médium naturalmente alegre, jovial, pode obter comumente comunicações graves, mesmo severas e vice-versa. É ainda uma prova evidente de que ele age sob a impulsão de uma influência estranha".

30 - Essas observações de Kardec, embora digam mais respeito às evocações que se faziam para fins de estudo à época, são sempre atuais.

Os dirigentes de Centros Espíritas e, notadamente, os dirigentes de sessões mediúnicas de qualquer natureza devem conhecer bem os médiuns de que dispõem e atribuir-lhes as tarefas, de acordo com a sua natureza, as suas aptidões, a sua moral, a sua segurança e o seu devotamento, conjugadamente com os fins que têm em vista.

## Pode haver mediunidade nos animais?

31 - Esta questão foi levantada por Kardec e elucidada pelo Espírito ERASTO, em longa dissertação transcrita n'*O Livro dos Médiuns*, à qual remetemos o leitor, mas que passamos a resumir.

Que é um médium? É o ser, o indivíduo que serve de traço de união aos Espíritos, para que estes possam comunicar-se facilmente com os homens: Espíritos encarnados. Por conseguinte, sem médium, não há comunicações tangíveis, mentais, escritas, físicas, de qualquer natureza que seja.. Ora, tendo em vista o princípio de que os semelhantes atuam com seus semelhantes e como seus semelhantes e, considerando que os semelhantes dos Espíritos são os Espíritos encarnados, somente estes podem atuar como médiuns.

Os animais dispõem apenas de uma inteligência rudimentar e, como animais, não estão sujeitos à mesma lei do progresso que incide sobre os seres humanos. Estes progridem por si mesmos, porquanto são *perfectíveis*, mas o animais não são capazes de realizar o progresso da mesma forma que o homem.

Deus colocou os animais ao nosso lado como auxiliares, para nos alimentarem, para nos vestirem, para nos secundarem. Deu-lhes uma certa dose de inteligência, porque, para nos ajudarem, precisavam compreender, porém, lhes outorgou inteligência apenas proporcionada aos serviços que são chamados a prestar. Mas, em sua sabedoria, não quis que estivessem sujeitos à mesma lei do progresso. Tais como foram criados se conservaram e se conservarão até a extinção de suas raças.

Sabemos que os Espíritos tomam ao cérebro do médium os elementos necessários a dar ao seu pensamento uma forma que nos seja sensível e apreensível; é com o auxílio dos materiais que possui, que o médium traduz o pensamento deles em linguagem vulgar. Ora bem! que elementos encontrariam no cérebro de um animal? Tem ele ali palavras, números, letras, sinais quaisquer, semelhantes aos que existem no homem, mesmo o menos inteligente? Entretanto, diremos, os animais compreendem o pensamento do homem, adivinham-no até. Sim, os animais educados compreendem certos pensamentos, mas já os vimos alguma vez reproduzi-los? Não. Devemos então concluir que os animais não podem servir de intérpretes aos Espíritos, não podem ser médiuns.

Em suma: os fatos mediúnicos não podem dar-se sem o concurso consciente, ou inconsciente, dos médiuns; e somente entre os encarnados, Espíritos como os desencarnados, estes podem encontrar os que lhes sirvam de médiuns.[14]

---

14 LM, ap. XXII, itens 234 a 236.

# Capítulo VII

# CONSCIÊNCIA, DESENVOLVIMENTO E EDUCAÇÃO DA MEDIUNIDADE

***Sumário: Conscientização da mediunidade. - Sinais de mediunidade. - A melhor diretriz. -Desenvolvimento e educação da mediunidade.***

## Conscientização da mediunidade

1 - A mediunidade fascina a todos, quer aos médiuns, quer aos não-médiuns.- E quando a pessoa, pela primeira vez, entra em contato com o Espiritismo, fica ansiosa por saber se é, ou não, médium.

Para sê-lo, no entanto, não basta o desejo, por mais ardente que seja. A mediunidade é uma faculdade espiritual com desdobramentos orgânicos, que nem todos possuem, embora, como já vimos, todos sejamos médiuns, em maior ou menor grau. Mas, essa *mediunidade generalizada* não é a de que estamos falando. Aqui, estamos tratando da *mediunidade dinânica,* ou *da medianimidade.*

Saber-se, porém, se se é, ou não, médium não é tarefa fácil. Nem mesmo nos Centros Espíritas, qualquer pessoa está autorizada a dizê-lo. Não é pelo simples fato de ser-se servidor espírita que se pode afiançar que alguém seja médium. É preciso que a pessoa consultada tenha aptidão para isso, ou seja, é preciso que ela, por sua vez, seja médium desenvolvido, experiente e responsável, para que possa captar e transmitir o diagnóstico dos mentores espirituais.

2 - Não há, a bem dizer, sinais exteriores da mediunidade. Kardec já advertia, com muita propriedade, que,"infelizmente, até hoje, por nenhum diagnóstico se pode inferir, ainda que aproxi-

madamente, que alguém possua essa faculdade. Os sinais físicos, em os quais algumas pessoas julgam ver indícios, nada têm de infalíveis. Ela se manifesta nas crianças e nos velhos, em homens e mulheres, quaisquer que sejam o temperamento, o estado de saúde, o grau de desenvolvimento intelectual e moral. Nenhum só meio existe de se lhe comprovar a existência. É experimentar"[1].

3 - É muito comum, no entanto, alguns diagnosticadores apressados afirmarem que qualquer "perturbação psíquica" lhe constitui sinal. Seria mais acertado dizerem que determinada perturbação pode constituir uma probabilidade, que, todavia, terá de ser analisada pelos meios adequados, para eventualmente vir a tornar-se uma afirmação definitiva

Há dessas perturbações que são simplesmente patológicas. E não é, também, todo psiquiatra que está preparado para distinguir um estado mental patológico de um"encosto", ou de uma contingência obsessiva, ou ainda, de uma mediunidade torturada. É preciso que o psiquiatra conheça a Doutrina Espírita, ou, mais precisamente, o Espiritismo Experimental, a mediunidade. O profissional não pode diagnosticar senão aquilo que estudou, aquilo que conhece. Além de conhecê-la, há de aceitá-la quanto à realidade das comunicações e influências espirituais.

4 - Daí acontecer que muitas pessoas, portadoras de sintomas de eclosão de mediunidade ainda não controlada, sejam tratadas, nos ambulatórios psiquiátricos, ou mesmo em regime de internação, como esquizofrênicos, ou sob o rótulo de outras patologias mentais, submetendo-se a eletrochoques e encharcando-se das mais variadas espécies de drogas, sem, todavia, resolverem a problemática de que estão sofrendo.

Isto não significa, obviamente, que a mediunidade seja sinônimo de patologia mental. É, sim, uma manifestação de ordem psíquica ignorada pela Ciência oficial. Acontece, porém, que toda manifestação psíquica não condizente com os padrões considerados normais constitui, ante a Psiquiatria, sintoma de patologia mental.

---

1 LM, cap. XVI, item 200.

O Espírito Vianna de Carvalho explica a origem das "perturbações" de ordem variada nestes termos: "A mediunidade, propiciando a interferência dos desencarnados na vida humana, a princípio gera estados peculiares na área da emotividade como nos estados fisiológicos. Porque mais facilmente se registram as presenças de seres negativos ou perniciosos, a irradiação das suas energias produz esses estados anômalos, desagradáveis, que podem ser confundidos com problemas patológicos outros".[2]

5 - Cumpre observar-se também que a eclosão da mediunidade nem sempre se verifica mediante estados de perturbação psíquica. Ela pode ocorrer de modo tranqüilo, harmônico, em pessoas que se apercebem de que são médiuns, sem traumas e sem convulsões psíquicas. São pessoas que descobrem, sem agitação, que vêem ou ouvem Espíritos, ou que são capazes de psicografar ou de transmitir verbalmente o pensamento deles. Noutras palavras, pessoas que, com naturalidade, se dão conta de serem médiuns escreventes ou falantes. Outras, de que têm pressentimentos, precognições, ou a faculdade de curar, etc. Elas se apercebem da sua mediunidade e procuram os Centros Espíritas para desenvolvê-la por meio de exercícios adequados e de educá-la para o serviço do bem, segundo os ensinamentos do Evangelho.

6 -A mediunidade pode ser igualmente o resultado de uma conquista do Espírito através de muitas encarnações, nas quais tenha perseguido, com seriedade e constância, o aperfeiçoamento moral e o desenvolvimento mental, demorando-se nos exercícios de meditação, disciplinando sentimentos e comportamento e buscando o conhecimento profundo da Verdade.

É a chamada *mediunidade natural*, *mediunidade-conquista*, que se não confunde com a *mediunidade de prova*. Esta é apenas um instrumento, concedido pela misericórdia divina àqueles que necessitam resgatar débitos contraídos em vidas anteriores, proporcionando-lhe fazê-lo pelo serviço ao próximo, na prática da caridade.

---

2 Aut. esp. cit, em *Mediuns e Mediunidade*, psicog. de Divaldo Pereira Franco; Niteroi, RJ, 1990, Editora Arte e Cultura, cap.13, *Educação das Forças mediúnicas*, p.61.

## Sinais de mediunidade

7 - Há alguns indícios de que a pessoa seja médium, embora não se possa tê-los como infalíveis, pelos motivos já apontados.

O primeiro desses sinais é uma sensibilidade maior do que a comum. Daí dizer-se que o médium é um *sensitivo*. É um indivíduo dotado de emotividade mais apurada, tendendo para um temperamento *nervoso, mais vibrátil*.

8 - Outro sinal é ter, mais ou menos constantemente, sonhos lúcidos com pessoas que já morreram, isto é, com Espíritos. São sonhos em que o eventual médium vai a outros planos vibratórios, vê com relativa nitidez o ambiente em que eles se desenrolam, falam com os Espíritos e os ouvem, havendo um enredo nessa vivência onírica.

A pessoa, às vezes, sente penetrar num estado próximo ao transe, durante o qual vê ou ouve algo que sabe não ser do plano material. Tem pressentimentos e premonições, vê-se deslocar no espaço e no tempo, como se estivesse sonhando, mas lhe fica a sensação de estar vivenciando uma estranha realidade. Outras vezes, sente uma espécie de alucinação, tem visões estranhas, ouve vozes, sente formigamentos, tonturas sem causa patológica, ou tem a sensação de estar planando no ar.

9 - Kardec diz que o primeiro indício de disposição para escrever é uma espécie de frêmito no braço e na mão. Pouco a pouco, a mão é arrastada por uma impulsão que ela não logra dominar.

É óbvio que o Codificador se refere a alguém que já esteja fazendo seus testes de mediunidade, ou preparando-se para exercitá-la. Por outro lado, nem todo médium é psicógrafo. Muitas vezes, a pessoa não tem aptidão para a psicografia, mas possui outro tipo de mediunidade.

Note-se, ainda, que nem todo médium escrevente é *mecânico* e, por isso, não terá os mesmos indícios. Há o médium psicógrafo *intuitivo* que recebe as mensagens do plano espiritual pelo processo de conjugação de ondas (telepático), ou por meio de audição interna, ou por ambos. Os indícios, portanto, serão diferentes e consistirão, no primeiro caso, numa idéia que repetidamente lhe aflora no pensamento, que lhe fica "martelando"o cérebro e, no segundo, em uma voz interior que lhe fala repetidamente, embora, de início, não o faça de modo nítido.

Quando a mediunidade é *de efeitos físicos,* as coisas são diferentes Podem acontecer coisas estranhas à simples presença da pessoa: ruídos, objetos que caem, portas que se abrem ou fechem sem serem tangidas por mãos humanas, pratos que se quebram, etc. Mas, nem sempre a pessoa se conscientiza de ser a causa direta desses fenômenos, como vimos quando estudamos os *locais assombrados,* no tomo II deste volume.

10 - Um sinal mais freqüente e marcante são as já referidas *perturbações psíquicas*. O comportamento da pessoa passa a modificar-se. Tem momentos de profunda depressão, às vezes, alternados com fases de excitação ruidosa. O pudor se modifica, a sexualidade se manifesta fora dos padrões normais da pessoa, que passa a se comportar de modo escandaloso e inusitado. Surgem manifestações aparentemente histéricas, ou formam-se quadros sugestivos de esquizofrenia. Ocorrem convulsões epilépticas, ou estranha sonolência, apatia, absenteísmo. Síncopes inexplicadas, estados catalépticos ou letárgicos. A gama de sintomas é muito diversificada. Sucedem-se os tratamentos ambulatoriais típicamente voltados para as patologias mentais, que, freqüentemente, pedem internações às vezes prolongadas e sem êxito.

Nesses casos, deve-se recorrer a tratamento espiritual. Façam-se consultas mediúnicas em Centros Espíritas Se o diagnóstico for de *interferência espiritual,* recorram-se aos trabalhos de *desobsessão*. Caso cessem os sintomas, ou diminuam gradativamente, torna-se evidente que eles não eram de patologia mental, mas simplesmente de processo obsessivo. Se, porém, os sintomas persistirem por muito tempo, apesar do tratamento espiritual adequado, será porque o caso é realmente de doença mental. Mesmo assim, esta não exclui um exacerbamento causado pela ação de Espíritos obsessores, vingativos, em processo de terrível cobrança das dívidas contraídas pelo paciente em relação a eles. Válido será, portanto, o tratamento desobsessivo além dos cuidados psiquiátricos.

Uma vez, todavia, cessados os referidos sintomas, ainda assim, não se poderá afirmar que o paciente esteja investido de mediunidade de prova. Deve-se fazer nova consulta espiritual e só na hipótese de ser confirmada a mediunidade-tarefa é que o indiciado deverá buscar o desenvolvimento da respectiva faculdade, pelos meios adequados para educá-la.

## A melhor diretriz

11 - Levando-se em conta que os indícios de mediunidade não conduzem à certeza da posse da faculdade, é natural que o aspirante deseje ter uma orientação segura de como proceder. Não há fórmulas infalíveis para diagnosticar a mediunidade, isto é, para se chegar à convicção de que alguém é médium, a não ser consultando o mundo espiritual.

A Federação Espírita do Estado de São Paulo - FEESP mantinha, quando a freqüentamos no fim da década de 70 e primeiros anos da de 80, e acreditamos que ainda mantenha, um serviço permanente de consultas.

Durante os horários estabelecidos para esse fim, o aspirante é encaminhado a um médium, para ser entrevistado. E esse médium, então, após alguns minutos de conversação, que, evidentemente, serve mais para a inspeção espiritual, diz se o interessado está com interferência, ou doente, ou se possui mediunidade a desenvolver, bem como lhe faz o aconselhamento adequado.

12 - Os Grupos Espíritas, em geral, cada qual segundo o seu regulamento e suas peculiaridades, procedem mais ou menos da mesma forma. Uns fazem a inspeção direta como a FEESP. Outros pedem que o candidato freqüente as seções doutrinárias durante de-

terminado período, ouvindo palestras e tomando passes, para, na época regulamentar submeter os nomes dos aspirantes aos mentores espirituais da Casa. Outros, ainda, permitem que o candidato freqüente suas sessões preliminares de desenvolvimento mediúnico, para que os dirigentes observem a eventual existência de mediunidade em potencial. Outros, finalmente, quando o paciente lhes é levado para tratamento desobsessivo, fazem a posterior consulta ao mundo espiritual, ou os admitem nas sessões de desenvolvimento preliminar, para a necessária observação, rotulando-o de acordo com os resultados obtidos.

13 - De todos esses procedimentos, o mais indicado, pela sua objetividade e correção, é a consulta direta aos mentores espirituais.

Seja, porém, qual for a modalidade da consulta, nunca se deve perguntar ao Espírito se se é médium, porquanto, em princípio, como já vimos, todos somos médiuns, isto é, dotados de mediunidade generalizada. A pergunta correta é: sou médium escrevente? ou, sou médium de incorporação? sou médium de efeitos físicos? sou médium psicofônico? sou médium curador? sou médium inspirado? e assim por diante. Ou, para se evitar a sucessão dessas perguntas, basta inquirir: Possuo algum tipo de mediunidade? Qual?

Kardec lembra que também se deve levar em conta a natureza do Espírito a quem é feita a pergunta, porquanto alguns são tão levianos e ignorantes que respondem a torto e a direito, como verdadeiros estúrdios. Por isso, aconselha se dirija o interrogante a Espíritos esclarecidos, que, geralmente, respondem de boa vontade a essas perguntas e indicam o melhor caminho a seguir-se, desde que haja possibilidade de êxito.[3]

A advertência do Codificador evidentemente só é aplicável quando a consulta é feita por intermédio de um medianeiro, fora do Centro Espírita, nada se sabendo da confiabilidade desse médium. É por isso que o aconselhável é fazer-se a consulta aos mentores

---

3 LM, cap.XVII, item 205, *in fine*.

espirituais em sessões específicas dos Grupos Espíritas, para não se correr o risco de obter resposta de um Espírito leviano.

Nos Centros Espíritas que fazem consulta em bloco ao mundo espiritual, apresentando relação nominal dos candidatos já frequentadores da Casa, geralmente, a orientação dos mentores é para que determinado grupo de candidatos seja admitido no serviço de passes, que outro freqüente as sessões de desenvolvimento de mediunidade psicográfica, outro, as sessões de mediunidade de incorporação, e assim por diante.

## Desenvolvimento e educação da mediunidade

14 - Uma vez afirmado, pelos meios adequados, que alguém é médium, deve este procurar desenvolver e educar a mediunidade.

O *desenvolvimento* e a *educação da mediunidade* não são a mesma coisa. *Desenvolver a mediunidade* significa fazer os exercícios próprios para que a faculdade mediúnica passe da fase embrionária para a da maturidade, ou seja, dos primeiros passos, hesitantes e inseguros, para os desenvoltos, em que o médium já domina a faculdade e a exerce com segurança. *Educar a mediunidade* é disciplinar o seu exercício, escoimando-o de vícios e maus hábitos, para exercê-la de modo correto e produtivo, ao mesmo tempo em que o medianeiro se esforça para dignificá-la, na prática do bem e da caridade, em nome de Jesus.

O desenvolvimento diz respeito à formação específica do médium, à preparação para o exercício da mediunidade de modo seguro e satisfatório. Já a educação tem por objeto disciplinar o uso da faculdade, de modo a evitar os seus escolhos, o seu mau uso.

O médium deseducado se torna joguete dos Espíritos inferiores. Estes passam a fazer dele um verdadeiro escravo, querendo que lhes sirva de instrumento a qualquer hora e pelo tempo que eles bem entendem. Impõem-lhe a sua vontade e, na maioria das vezes, transmitem por intermédio dele mensagens, científica ou moralmente, falhas, expondo-o às críticas e aos anátemas. Fascinam-no e o envolvem nas teias da obsessão. Por isso, o médium tem que buscar, além do desenvolvimento da faculdade, a sua educação, prevenindo-se contra o seu mau uso e o assédio de Espíritos inferiores, por meio da vigilância e da prece.

Já advertia João, no início da era cristã: "Meus bem-amados, não creais em qualquer Espírito; experimentai se os Espíritos são de Deus, porquanto muitos falsos profetas se têm levantado no mundo".[4]

A este respeito, leiam-se *O Evangelho Segundo o Espiritismo*, cap. XXI (*Falsos Cristos e Falsos Profetas)* e *O Livro dos Médiuns*, cap. XXIV, *Da identidade dos Espíritos*.

15 - A educacão da mediunidade diz respeito também ao modo de exercê-la.

O médium não se pode tornar instrumento cego do Espírito comunicante. Deve conter-lhe os maus ímpetos, os gestos desordenados e agressivos, a linguagem desabrida e ofensiva, impedir-lhe os estertores. Não se deve deixar jogar ao chão, nem assumir posturas grotescas, animalescas ou ridículas. Em suma, o médium educado tem o dever de controlar a manifestação, impedindo-lhe os excessos verbais, mímicos e posturais e saber como fazê-lo.

No tomo II deste volume, ao estudarmos as manifestações espíritas e seus respectivos mecanismos, vimos como esse controle é exercido pelo médium, segundo a lição dos Espíritos. A ele remetemos o leitor, para maiores esclarecimentos.

16 - Quanto ao desenvolvimento mediúnico, aconselhamos a que seja feito em Centros Espíritas bem orientados, não sendo indicado fazê-lo em casa, salvo em caso de mediunidade psicográfica, desde que tomadas certas cautelas, que mencionaremos mais adiante.

Os processos de desenvolvimento variam de acordo com o tipo de mediunidade a desenvolver.

17 - Se se tratar de médium escrevente, o candidato deve solicitar sua admissão em grupo com essa finalidade, num Centro Espírita.

---

4 S. João, *Epístola*, 1ª, IV, v.1.

Em dias e horários determinados, os participantes do grupo sentam-se à mesa, onde estão folhas de papel ou cadernos, vários lápis apontados, à disposição deles para que possam escrever.

A escrita geralmente é feita a lápis, mas nada impede que o seja também com canetas esferográficas ou de outro tipo. O importante é que o instrumento não embarace a fluência da escrita.

O dirigente inicia os trabalhos, lendo ou mandando ler uma página de um livro de mensagens, e, a seguir, convidando todos para fazerem uma prece íntima, ou fazendo-a ele mesmo em voz alta, para que todos a acompanhem mentalmente, como também poderá designar um dos participantes para fazê-lo. A prece prepara o médium, elevando-lhe o teor vibratório mental, para que mais facilmente entre em sintonia com os bons Espíritos, afastando, ao mesmo tempo, os Espíritos inferiores. Em seguida, costuma-se fazer a leitura de tópicos d'O *Livro dos Médiuns*, que é comentado pelo dirigente, com a participação dos demais, que lhe fazem perguntas ou respondem às que lhe são feitas, a título de estudo. Terminado este, pode-se ler também alguns tópicos d'*O Evangelho Segundo o Espiritismo*. O estudo desses dois livros da Codificação é importante para a formação do médium, para que passe a conhecer bem o Espiritismo Experimental, principalmente quanto aos mecanismos da mediunidade e para que busque a melhoria íntima segundo os preceitos da moral cristã.

18 - Terminada a fase preparatória dos trabalhos, o dirigente manda que se façam os exercícios mediúnicos, mediante concentração e receptividade, pondo-se os candidatos em busca da sintonia com os Espíritos encarregados de dar-lhes assistência.

Cada qual fica na expectativa de receber uma mensagem, o que poderá ocorrer mecânica ou intuitivamente, isto é, por processo telepático.[5]

Não deve o aprendiz evocar este ou aquele Espírito, que lhe é caro, com exclusão de outro que possa atender ao seu chamado. Isto porque, para ocorrer a manifestação de um Espírito, é necessário haver uma afinidade fluídica entre ele e o médium e pode

---

5 V. nosso tomo II, cap. XIV, *Da Psicografia*, em especial os itens 16 a 21.

acontecer que ela não exista, ou não se faça prontamente, com o Espírito evocado. Pode acontecer também que este não esteja em condições, ainda que apenas naquele momento, de atender ao chamado. O melhor é aguardar que um Espírito descubra no aprendiz um médium com o qual se afine fluidicamente e passe a exercitá-lo na escrita.

Não há tempo predeterminado para que o candidato comece a escrever mediunicamente.

Alguns, já no primeiro dia de tentativa, logram êxito, o que, no entanto, é raro.. Outros levam semanas e até meses.

"Outros, diz Kardec, durante muito tempo, traçam riscos e fazem verdadeiros exercícios caligráficos. Dizem os Espíritos que é para lhes soltar a mão...."

"A estas observações, acrescenta um Espírito: "Há médiuns cuja faculdade não pode produzir senão esses sinais. Quando, ao cabo de alguns meses, nada mais obtêm do que coisas insignificantes, ora um *sim*, ora um *não*, ou letras sem conexão, é inútil continuarem, será gastar papel em pura perda. São médiuns, mas *médiuns improdutivos*. Demais, as primeiras comunicações recebidas devem considerar-se meros exercícios, tarefa que é confiada a Espíritos secundários. Não se lhes deve dar muita importância, visto que procedem de Espíritos empregados, por assim dizer, como mestres de escrita, para desembaraçarem o médium principiante.. Não creais sejam alguma vez Espíritos elevados os que se aplicam a fazer com o médium esses exercícios preparatórios; acontece, porém, que, se o médium não colima um fim sério, esses Espíritos continuam e acabam por se lhe ligarem. Quase todos os médiuns passaram por este cadinho, para se desenvolverem; cabe-lhes fazer o que seja preciso a captarem a simpatia dos Espíritos verdadeiramente superiores".[6]

A continuidade dos exercícios, aliada à boa disposição e à vigilância do aprendiz assegurar-lhe-ão os bons resultados. Quando chegar o momento próprio, quando a faculdade já estiver suficientemente desenvolvida, os bons Espíritos passarão a utilizá-

6 LM, cap. XVII, item 210.

lo como instrumento de mensagens úteis e educativas. Esteja, no entanto, atento à advertência de Kardec:

"Suponhamos agora que a faculdade mediúnica esteja completamente desenvolvida; que o médium escreva com facilidade; que seja, em suma, o que se chama um médium feito. Grande erro de sua parte fora crer-se dispensado de qualquer instrução mais, porquanto apenas terá vencido uma resistência material. Do ponto a que chegou é que começam as verdadeiras dificuldades, é que ele mais do que nunca precisa dos conselhos da prudência e da experiência, se não quiser cair nas mil armadilhas que lhe vão ser preparadas. Se pretender muito cedo voar com suas próprias asas, não tardará em ser vítima dos Espíritos mentirosos, que não se descuidarão de lhe explorar a presunção.

Uma vez desenvolvida a faculdade, é essencial que o médium não abuse dela. O contentamento que daí advém a alguns principiantes lhes provoca um entusiasmo, que muito importa moderar. Devem lembrar-se de que ela lhes foi dada para o bem e não para satisfação de vã curiosidade. Convém, portanto, que só se utilizem dela nas ocasiões oportunas e não a todo momento. Não lhes estando os Espíritos ao dispor a toda hora, correm o risco de ser enganados por mistificadores. Bom é que, para evitarem esse mal, adotem o sistema de só trabalhar em dias e horas determinadas, porque assim se entregarão ao trabalho em condições de maior recolhimento e os Espíritos que os queiram auxiliar, estando prevenidos, se disporão melhor a prestar esse auxílio".[7]

19 - Certos Centros adotam a prática de colocar à mesa de desenvolvimento mediúnico alguns médiuns já desenvolvidos, que se sentam entre os aprendizes, para auxiliá-los e estimulá-los. É uma técnica sugerida pelo próprio Kardec, conforme se lê n'*O Livro dos Médiuns*:

"206. Um meio que muito freqüentemente dá bom resultado consiste em empregar-se , como auxiliar de ocasião, um bom médium escrevente, maleável, já formado. Pondo ele a mão, ou os dedos, sobre a mão

7 LM, cap. XVII, item 216 e 217.

do que deseja escrever, raro é que este último não o faça imediatamente. Compreende-se o que em tal circunstância se passa: a mão que segura o lápis se torna, de certo modo, um apêndice da mão do médium, como o seria uma cesta, ou uma prancheta. Isto, porém, não impede que esse exercício seja muito útil, quando é possível empregá-lo, visto que, repetido amiúde e regularmente, ajuda a vencer o obstáculo material e provoca o desenvolvimento da faculdade. Agumas vezes, basta mesmo que o médium magnetize, com essa intenção, a mão e o braço daquele que quer escrever. Não raro até limitando-se o magnetizador a colocar a mão no ombro daquele, temo-lo visto escrever prontamente sob essa influência. Idêntico efeito pode também produzir-se sem nenhum contato, apenas por ato da vontade do auxiliar...." [8]

20 - Essas observações de Kardec se referem aos médiuns mecânicos. Mas, o método é válido também relativamente aos médiuns intuitivos. A colocação de médiuns já formados entre estes produz o efeito de transformadores, que aumentam o potencial da corrente mental e, por isso, tornam mais fáceis as comunicações.

Os médiuns intuitivos, aliás, enfrentam maiores dificuldades no aprendizado, porque, não sendo mecânicos, inicialmente, é-lhes muito difícil distinguir, no que escreve, ou nas idéias que lhe afloram à mente, o que é seu e o que é dos Espíritos. Kardec se preocupou também com esse escolho da formação mediúnica, escrevendo:

"Tendo consciência do que escreve, o médium é naturalmente levado a duvidar da sua faculdade; não sabe se o que sai do lápis vem do seu próprio, ou de outro Espírito. Não tem absolutamente que se preocupar com isso e, nada obstante, deve prosseguir. Se se observar a si mesmo com atenção, facilmente descobrirá no que escreve uma porção de coisas que lhe não passavam pela mente e que até são contrárias às sua idéias, prova evidente de que tais coisas não provêm do seu Espírito. Continue, portanto, e, com a experiência, a dúvida se dissipará". [9]

8 LM, cap.XVII, item 206.
9 LM, cap.XVII, item 211.

21 - Dissemos, há pouco, que o aprendiz pode também fazer exercícios de psicografia, individualmente, no próprio lar. É aconselhável, porém, que o faça complementarmente aos exercícios em grupo, realizados no Centro Espírita e não exclusiva e autonomamente.

A formação do médium insuladamente tem muitos escolhos. Ele se torna mais facilmente objeto de processos obsessivos, principalmente da fascinação. A sua inexperiência constitui fator deveras negativo. As suas dificuldades são maiores, bem como as dúvidas. No Centro, ele está amparado pelo dirigente encarnado e pelos mentores espirituais, que lhe dão sustentação. Isto não significa que, no lar, não possa ter proteção, porquanto contará com a do seu anjo de guarda e dos seus protetores, bastando, para isso, fazer uma prece sincera e confiante e estar possuído de intenções retas.

A esse respeito, é sempre atual a advertência de Kardec:

> "O escolho com que topa a maioria dos médiuns principiantes é o de terem de haver-se com Espíritos inferiores e devem dar-se por felizes quando não são Espíritos levianos. Toda atenção precisam pôr em que tais Espíritos não assumam predomínio, porquanto, em acontecendo isso, nem sempre lhes será fácil desembaraçar-se deles. É ponto este de tal modo capital, sobretudo em começo, que não sendo tomadas as precauções necessárias, podem perder-se os frutos das mais belas faculdades".[10]

22 - Até aqui, tratamos do desenvolvimento da mediunidade psicográfica. Passaremos a ver agora como deve ser feito o dos demais tipos.

Os médiuns psicopictógrafos, ou seja, aqueles que recebem desenhos, pinturas, fazem o desenvolvimento de modo idêntico ao dos psicógrafos e podem, até mesmo, fazê-lo à mesma mesa, ou pelo menos, no mesmo ambiente, em que estes praticam seus exercícios. Basta por-se à frente deles o material necessário: lápis crayons, lápis de cor, tintas, folhas próprias para desenho, telas, etc. O

10 LM, cap. XVII, item 211.

processo é o mesmo adotado para o desenvolvimento do médium escrevente.

Já os psicomusicógrafos - aqueles que recebem músicas - devem ficar em ambiente separado, provendo-se-lhes o recolhimento e o silêncio.

A recepção se faz de dois modos: ou o médium recebe apenas a pauta musical, isto é, a figuração das notas, embora possa ouvir simultaneamente a respectiva melodia, ou é esta que lhe chega mediante processo semelhante ao da audição interna. No primeiro caso, o treinamento se faz de modo mais ou menos idêntico ao do médium escrevente. No segundo, o médium se exercita em gravar a melodia na memória e, logo em seguida, procura reproduzi-la e gravá-la numa fita cassete, ou, se tiver aptidão, toca um instrumento musical e faz a respectiva gravação.

23 - Quanto à mediunidade de incorporação, deve ela ser desenvolvida em grupos específicos de pessoas dotadas desse tipo de mediunidade. Dadas as suas características, não convém que as sessões de desenvolvimento ocorram na mesma sala em que esteja sendo exercitada a psicografia, para não lhe perturbar o andamento com as vozes dos diálogos entre os Espíritos manifestantes e o dirigente da reunião, ou mesmo com as simples falas dos Espíritos.

Nas sessões para esse fim, adota-se a mesma rotina de leitura inicial de mensagens edificantes, de estudo d'O *Livro dos Médiuns* e d'*O Evangelho Segundo o Espiritismo*, e da prece. Feita esta, é recomendado aos médiuns que procurem livrar-se dos pensamentos de ordem material, das preocupações pessoais e de sentimentos negativos, buscando-se o recolhimento, a paz e a concentração, para ensejar o estado de receptividade. Alcançado este, que o médium não oponha resistência à aproximação do Espírito e se deixe envolver por este, para que ocorra sua manifestação. O que acontecerá depois, ou seja, qual será o processo desta, dependerá da natureza do médium[11] e das necessidades do momento, de acordo com o que for estabelecido pelos mentores espirituais da reunião.

---

11 V. tomo II, cap.XV, *psicofonia*.

O treinamento consiste em deixar o aprendiz instrumentar a manifestação psicofônica do Espírito, de acordo com suas aptidões e quando for chamado a dar passividade. O dirigente coibirá todo excesso e disciplinará os trabalhos, impedindo que o médium permita a manifestação do Espírito desordenadamente, isto é, fora do momento que lhe for determinado para isso.

Aplicam-se aqui as mesmas observações feitas relativamente ao psicógrafo intuitivo, quanto às dúvidas que assaltem o médium psicofônico.

24 - Finalmente, o desenvolvimento dos médiuns de efeitos físicos fazem-se em sessões especiais e de acordo com as suas aptidões.

Note-se que esse tipo de mediunidade eclode espontaneamente e o seu desenvolvimento consiste em exercitar e aprimorar essa faculdade. Assim, aquele que produz fenômenos de materialização, ou de escrita direta, ou de transporte, é simplesmente colocado numa cabine, ou num leito isolado no recinto, onde entra em transe, no qual permanece enquanto necessário. A faculdade se desenvolve mais e mais à medida que se repitam os exercícios.

O médium é auxiliado pelos *cooperadores*, que são pessoas que permanecem no recinto em recolhimento e meditação, fazendo preces íntimas e vibrações, para secundar a ação do medianeiro.

25 - Seja qual for a mediunidade de que seja dotada a pessoa, são requisitos indispensáveis ao seu bom desempenho: o estudo da Doutrina, dando-se ênfase ao Espiritismo Experimental, a leitura constante e a prática do Evangelho, a prece e a vigilância.

Capítulo VIII

# INTERMITÊNCIAS E CUIDADOS NO EXERCÍCIO DA MEDIUNIDADE

***Sumário: Perda e suspensão da mediunidade. - O exercício da mediunidade e sua influência sobre o cérebro e a saúde.- A mediunidade nas crianças.***

## Perda e suspensão da mediunidade

1 -A experiência demonstra que os médiuns podem perder a faculdade que possuem, o que, no entanto, não é tão freqüente. O mais comum é apenas uma intermitência, uma interrupção temporária, que cessa com a causa que a produziu.

E essa causa, geralmente, é o abandono do médium por parte dos Espíritos, em virtude do mau uso que ele faz da sua faculdade. Esse mau uso pode consistir em dela servir-se para coisas frívolas, ou com propósitos ambiciosos, ou em negar-se a transmitir as palavras dos Espíritos, ou os fatos por estes produzidos, aos encarnados que para ele apelam, ou que têm necessidade de ver para se convencerem.

**"Este dom de Deus, disseram os Espíritos a Kardec, não é concedido ao médium para seu deleite e, ainda menos, para satisfação de suas ambições, mas para o fim da sua melhora espiritual e para dar a conhecer aos homens a verdade. Se o Espírito verifica que o médium já não corresponde às suas visitas e já não aproveita das instruções nem dos conselhos que lhe dá, afasta-se, em busca de um protegido mais digno".[1]**

---

1 LM, cap. XVII, item 220, 3ª pergunta.

2 - A suspensão da mediunidade é mais uma advertência do que um castigo.

Muitas vezes, é a prova da solicitude de um Espírito protetor para com o médium, a quem consagra afeição. Interrompendo-lhe o exercício da faculdade, pretende provar-lhe que ela não depende dele, médium e que, assim, razão não há para dela se vangloriar.

Outras vezes, a suspensão ocorre para proporcionar repouso material ao médium que dele necessite, caso em que não é permitido a outros Espíritos substituir o Protetor.

Noutras ocasiões, serve para lhe pôr a paciência à prova e para lhe experimentar a perseverança, dando-lhe tempo de meditar sobre as instruções recebidas.

3 - Note-se que, conforme dito pelos Orientadores da Codificação a Kardec, a suspensão da faculdade não implica o afastamento dos Espíritos que habitualmente se comunicam. O médium se encontra então na situação de uma pessoa que perdesse temporariamente a vista, a qual, por isso, não deixaria de estar rodeada de seus amigos, embora impossibilitada de os ver. Pode, portanto, o médium e até mesmo deve continuar a comunicar-se pelo pensamento com seus Espíritos familiares e persuadir-se de que é ouvido. Se é certo que a falta da mediunidade pode privá-lo das comunicações ostensivas com certos Espíritos, também certo é que não o pode privar das comunicações morais. Por isso, a interrupção da faculdade mediúnica nem sempre traduz uma censura da parte do Espírito, pois que pode ser uma prova de benevolência.

Para saber se trata de uma censura, aconselham os Espíritos, deve o médium interrogar a sua própria consciência e inquirir a si mesmo qual o uso que tem feito da sua faculdade, qual o bem que dela tem resultado para os outros, *que proveito há tirado dos conselhos que se lhe têm dado e terá a resposta.*

4 - O meio de abreviar a prova da suspensão da mediunidade, segundo ainda o ensinamento dos Espíritos, consiste na resignação e na prece. Demais, basta que faça cada dia uma tentativa de alguns minutos, visto que inútil lhe será perder o tempo em ensaios infrutíferos. A tentativa só deve ter por fim verificar se já recobrou, ou não, a faculdade.

5 - Devem os médiuns lembrar-se sempre de que o dom da mediunidade é uma missão de que se incumbiram e cujo desempenho os faz ditosos. São os intérpretes dos Espíritos junto aos homens.

Aqueles que manifestam repugnância ao uso de suas faculdades são médiuns imperfeitos; desconhecem o valor da graça que lhes é concedida. A faculdade lhes foi outorgada porque precisam dela para se melhorarem, para ficarem em condições de receber bons ensinamentos. Se não aproveitam da concessão, sofrerão as conseqüências. Jesus não pregava de preferência aos pecadores, dizendo ser preciso dar àquele que não tem?

O homem que não possua o dom da mediunidade poderá aperfeiçoar-se recorrendo aos livros, ao estudo, ao Evangelho, porquanto para praticar a moral de Jesus, não é preciso que o cristão tenha ouvido as palavras ao lhe saírem da boca.[2]

## O exercício da mediunidade e sua influência sobre o cérebro e a saúde.

6 - Detratores do Espiritismo costumam dizer que a faculdade mediúnica é indício de um estado patológico qualquer e que chega até a produzir a loucura.

Trata-se de afirmação inverídica. leviana e maldosa. A mediunidade, às vezes, pode ser indício de um estado anômalo, mas nunca patológico. A anomalia pode ocorrer como resultante de inexperiência do médium, que ainda não desenvolveu nem educou a faculdade. Adquirido o domínio desta, cessa o estado anômalo.

Se o médium apresentar um estado patológico qualquer, a doença terá outras causas, nunca a mediunidade. Essas causas deverão ser investigadas do ponto de vista orgânico, ou mesmo psíquico, segundo os critérios e o conhecimento médico, por profissionais devidamente habilitados, que indicarão, certamente,

2 LM, cap. XVII, item 220, 5ª pergunta.

a devida terapia. Não esqueçamos também que a Medicina tem estudado as doenças psicopatológicas, que são doenças orgânicas causadas por problemas psicológicos. Hoje em dia, aliás, esse é o tipo de patologia mais freqüente.

A mediunidade, em si, também nunca é causa da loucura. Quando há predisposição para isso, qualquer coisa que possa acarretar uma sobreexcitação psíquica, já existindo um estado de fraqueza cerebral, contribuirá para a produção da loucura. É como, aliás, os Espíritos disseram a Kardec: "A mediunidade não produzirá a loucura, quando esta já não exista em gérmen; porém, existindo este, o bom senso está a dizer que se deve usar de cautelas, sob todos os pontos de vista, porquanto qualquer abalo pode ser prejudicial".[3]

7 - Independentemente de qualquer estado patológico, a mediunidade deve ser sempre exercida com certos cuidados. O processo mediúnico acarreta maior ou menor dispêndio de energia. Há consumo de fluidos quando o médium entra em ação. Esse dispêndio de fluidos acarreta fadiga, principalmente na mediunidade de efeitos físicos. Por isso, há de ter-se cuidado para não prolongar demasiadamente o exercício da faculdade. De qualquer forma, a fadiga se repara pelo repouso.

## A mediunidade nas crianças

8 - Ninguém se torna médium de repente. O que acontece é que há um momento certo para a manifestação da mediunidade. E a partir desse momento, necessário se torna desenvolvê-la e educá-la.

Se não tiver havido nenhum sinal de mediunidade, não há razão para tentar desenvolvê-la. É preciso que a pessoa apresente indícios de ser possuidor da faculdade. Não basta o simples desejo, como já vimos, para que se seja médium. Na ocasião adequada,

3 LM, cap. XVIII, item 221, 6ª pergunta.

sempre despertam naquele que possui essa faculdade a intuição de sua posse e a necessidade de desenvolvê-la.

Se assim é relativamente ao adulto, muito mais cuidado se deve ter com as crianças. É inconveniente e até perigoso tentar-se nelas desenvolver a mediunidade, "pois que esses organismos débeis e delicados sofreriam por essa forma grandes abalos, e as respectivas imaginações, excessiva sobreexcitação. Assim, os pais prudentes devem afastá-los dessas idéias, ou, quando nada, não lhes falar do assunto, senão do ponto de vista das conseqüências morais".[4]

Observe-se, no entanto, haver crianças nas quais a faculdade é natural, espontânea. São crianças que têm visões, ou escrevem espontaneamente, ou provocam fenômenos de efeitos físicos com a maior naturalidade. Na maioria das vezes, nem se apercebem de que se trata de Espíritos e pensam que são pessoas comuns.

Uma ocasião, um menino de pouco mais de dois anos chamou a mãe para dizer-lhe que havia um garoto à porta, e que desejava falar com ela. A mãe admirou-se, porquanto a porta estava fechada e não havia ouvido a campainha tocar. Abriu-a e não viu garoto algum. "Mas, ele estava aí fora. Era um garoto escurinho e falou comigo"- insistiu o filho.

Fatos como esse são freqüentes e para a criança tudo é natural. Só mais tarde, quando a razão já está mais desenvolvida e ele toma conhecimento dos fenômenos espíritas, é que ela toma conhecimento do fato na sua verdadeira expressão.

Nem por isso se deve tentar precocemente o desenvolvimento mediúnico.

Não há uma idade que se possa indicar como a propícia para essa providência. É certo, porém, que esta nunca deve ser tomada quando a criança ainda em tenra idade. No momento próprio, com doze, quinze, dezoito anos ou mais, operar-se-á a eclosão da mediu-nidade, reconhecível sem grande dificuldade. Tudo depende do desenvolvimento físico e do desenvolvimento moral. Quanto à psicografia, é evidente que só deve ser tentada quando o

---

4 LM, cap. XVIII, item 221, 6ª pergunta.

adolescente já possua o necessário desenvolvimento intelectual c saiba escrever desembaraçadamente. Por outro lado, em relação a ela, advertem os Espíritos, há outro inconveniente, derivado da inexperiência da criança, dado o caso de ela querer entregar-se a sós ao exercício da sua faculdade e fazer disso um brinquedo.

9 - A propósito deste tema, escreveu Kardec:

> "A prática do Espiritismo.... demanda muito tato, para à inutilização das tramas dos Espíritos enganadores. Se estes iludem a homens feitos, claro é que a infância e a juventude mais expostas se acham a ser vítimas deles. Sabe-se, além disso, que o reolhimento é uma condição sem a qual não se pode lidar com Espíritos sérios. As evocações feitas estouvadamente e por gracejo constituem verdadeira profanação, que facilita o acesso aos Espíritos zombeteiros ou malfazejos. Ora, não se podendo esperar de uma criança a gravidade necessária a semelhante ato, muito de temer é que ela faça disso um brinquedo, se ficar entregue a si mesma. Ainda nas condições mais favoráveis, é de desejar que uma criança dotada de faculdade mediúnica, não a exercite, senão sob a vigilância de pessoas experientes, que lhe ensinem, pelo exemplo, o respeito devido às almas dos que viveram no mundo. Por aí se vê que a questão de idade está subordinada às circunstâncias, assim de temperamento, como de caráter. Todavia, o que ressalta com clareza das respostas acima,[5] é que não se deve forçar o desenvolvimento dessas faculdades nas crianças, quando não é espontânea, e que, em todos os casos, se deve proceder com grande circunspeção, não convindo nem excitá-las, nem animá-las nas pessoas débeis. Do seu exercício cumpre afastar, por todos os meios possíveis, as que apresentem sintomas, ainda que mínimos, de excentricidade nas idéias, ou de enfraquecimento das faculdades mentais, porquanto nessas pessoas, há predisposição evidente para a loucura, que se pode manifestar por efeito de qualquer sobreexcitação. As idéias espíritas não têm, a esse respeito, maior influência do que outras, mas, vindo a loucura a declarar-se, tomaria o caráter religioso, se a pessoa se entregasse em excesso às práticas de devoção, e a responsabilidade seria lançada ao Espiritismo. O que de melhor se tem a fazer com todo indivíduo que mostre tendência à idéia fixa é dar outra diretriz às suas preocupações, a fim de lhe proporcionar repouso aos órgãos enfraquecidos".[6]

---

5 Refere-se Kardec às perguntas feitas aos Espíritos, constantes do item 221 do LM.

6 LM, cap. XVIII, item 222.

## Capítulo IX

# A INSTRUMENTAÇÃO DOS MÉDIUNS NAS COMUNICAÇÕES ESPÍRITAS

*Sumário: Comunicações anímicas. - Comunicações mediúnicas. - Xenoglossia. - Médiuns analfabetos e médiuns de aptidões especiais. - Observação final.*

## Comunicações anímicas

1 - Já tivemos ocasião de estudar, nos tomos anteriores, a possibilidade de o médium produzir comunicações que provêm do seu próprio Espírito, o que constitui um fenômeno *anímico*.

Isso decorre da emancipação da alma do médium, que, no momento em que exerce a sua faculdade, se encontra num estado psíquico diferente do normal, em que goza de certo grau de liberdade.

Nessas ocasiões, *eles,* os médiuns, *nos falam como Espíritos e não como homens.*

Os fatos anímicos são freqüentes e deles tratamos no tomo I deste volume, onde nos referimos às visitas que nos fazem as almas de pessoas vivas, bem como suas manifestações em sessões mediúnicas, como se fossem Espíritos desencarnados. Ali, vimos que, muitas vezes, os Espíritos por nós evocados estão reencarnados e que podem atender à evocação se estiverem em estado que lhes permita fazê-lo. Se isso pode acontecer com os encarnados em geral, por que não admitir a possibilidade de se dar o mesmo com o médium?

2 - Essas manifestações do médium ocorrem geralmente no estado de sonambulismo ou no de êxtase, bem como durante o

transe nas sessões mediúnicas, sendo mais difíceis de acontecer no estado normal.

Mas, pela natureza das comunicações, podemos distinguir se o Espírito que se manifesta é o de um desencarnado ou o do médium. Basta estarmos atentos e observarmos bem a natureza das comunicações, as circunstâncias e a linguagem utilizada pelo comunicante. Um médium vidente pode ajudar-nos a fazer essa distinção, dizendo-nos se há realmente um Espírito ligado fluidicamente ao médium, ou não. Nesta última hipótese, tratar-se-á, de uma manifestação anímica. Kardec observa que, quando uma pessoa nos fala, distinguimos facilmente o que vem dela daquilo de que ela é apenas o eco, acrescentando que o mesmo se verifica com os médiuns.[1]

Pode acontecer, entretanto, que o Espírito do médium possua conhecimentos mais profundos, adquiridos em existências anteriores e que estejam agora esquecidos em virtude do programa estabelecido para a encarnação atual. Aí torna-se mais difícil fazer a distinção, que, no entanto, não é de todo impossível, desde que estudemos a comunicação mais longamente e meditemos sobre o seu conteúdo.

## Comunicações mediúnicas

3 - O Espírito que se comunica por um médium o faz sempre tendo por intermediário o Espírito deste, não lhe sendo possível transmitir diretamente seu pensamento.

Os próprios Espíritos disseram a Kardec que:

> "O Espírito do médium é o intérprete, porque está ligado ao corpo que serve para falar e por ser necessária uma cadeia entre vós e os Espíritos que se comunicam, como é preciso um fio elétrico para comunicar à grande distância uma notícia e, na extremidade do fio, uma pessoa inteligente que a receba e transmita".[2]

---

1 LM, cap. XIX, item 223, nota à 3ª pergunta.
2 LM, cap. XIX, item 223, 6ª pergunta.

Quando estudamos os mecanismos da *psicofonia sonambúlica* e da *psicofonia consciente,* ficou claramente explicado que, nesta, ocorre a ligação do Espírito comunicante com o perispírito do médium e que a transmissão da mensagem se faz através deste. Já na psicofonia sonambúlica, em que o Espírito se justapõe à organização física do médium e dela se utiliza diretamente, ainda assim, o médium-alma continua no comando e controle da comunicação por meio do seu perispírito.[3]

4 - Por isso, a alma do médium exerce certa influência sobre as comunicações provindas dos Espíritos.

Essa influência pode ser *natural* e, portanto, *legítima*, ou *abusiva*.

A *primeira* é natural, porque o Espírito não pode deixar de utilizar o material que encontra no médium.

Mesmo nos processos sonambúlicos (caso dos médiuns escreventes mecânicos ou da psicofonia sonambúlica, ou inconsciente), o Espírito tem de servir-se das *matrizes psíquicas* do médium, isto é, dos seus conhecimentos acumulados através das reencarnações e das suas potencialidades mento-cerebrais. Ele apenas manipula esses elementos, deles utilizando-se para transmitir o seu pensamento da forma mais direta possível. É como um músico, que só pode produzir a melodia de acordo com as possibilidades que lhe oferece o instrumento de que se utiliza. Este pode ser excelente, bom, razoável ou péssimo.

5 - Se o processo é consciente (caso do médium escrevente semimecânico e do intuitivo, ou de psicofonia consciente), o Espírito transmite ao médium, não as frases devidamente verbalizadas, mas apenas as idéias, fazendo-o sentir o que ele deseja dizer. Neste caso, é o médium que faz a verbalização da mensagem, utilizando os seus próprios vocabulário e estilo. Empresta, portanto, à mensagem o seu próprio colorido.

---

3 V. nosso tomo II, cap. XV.

É por isso que o médium intuitivo, seja qual for o Espírito manifestante, apresenta sempre o mesmo estilo e fala ou escreve sempre com a utilização do mesmo vocabulário, simples ou rebuscado.

6 - Seja qual for o processo, bem como a natureza do médium, deve este procurar ser fiel ao pensamento do comunicante, evitando introduzir na mensagem qualquer idéia própria.

Há médiuns que assim não procedem. Alteram o que o Espírito diz, para assimilar a mensagem às suas próprias idéias e pendores. São os *maus intérpretes, os maus médiuns.*

É a fidelidade na transmissão que constitui a causa da preferência dos Espíritos por certos médiuns.

"Os Espíritos procuram o intérprete que mais simpatize com eles e que lhes exprima com mais exatidão os pensamentos. Não havendo entre eles simpatia, o Espírito do médium é um antagonista que oferece certa resistência e se torna um intérprete de má qualidade e muitas vezes infiel", esclareceram Erasto e Timóteo a Kardec.[4]

Isso acontece tanto em relação aos médiuns intuitivos, quanto aos médiuns mecânicos ou sonambúlicos, uma vez que o intermediário é sempre o Espírito do médium. O mesmo se dá no fenômeno das mesas girantes, porquanto, embora os objetos inertes se tornem animados de vida factícia, não possuem inteligência e é o Espírito do médium quem recebe o pensamento e o transmite, com o auxílio desses objetos, simples intermediários que são.

Tendo em vista não ser racional atribuir-se inteligência a esses objetos, Kardec indagou se eles podem ser considerados como uma categoria de médiuns, dando-se-lhes o nome de *médiuns inertes*. A resposta foi: "É uma questão de palavras, que pouco nos importa, contanto que vos entendais. Sois livres de dar a um boneco o nome de homem".

7 - O médium deve procurar ser *passivo* ao máximo, isto é, deve transmitir o pensamento dos Espíritos da forma mais fiel possível., sem misturá-lo com as suas próprias idéias. Isso não

---

4 LM, cap.XIX, item 223, 8ª pergunta.

significa que ele seja inteiramente nulo, pois o seu concurso sempre se dá, como vimos. Por outro lado, o médium tem o dever de controlar as comunicações, para coibir eventuais excessos de Espíritos vingativos e revoltados.

A desejável fidelidade do médium tem maior ou menor importância conforme a natureza da comunicação. É imprescindível quando se tratar de uma instrução ou de um aconselhamento do plano espiritual. Nas manifestações de Espíritos obsessores ou sofredores, as circunstâncias exigem menor precisão.

## Xenoglossia

8 - *Xenoglossia* é um termo que designa o fato de o médium transmitir a comunicação numa língua que lhe é, pelo menos aparentemente, estranha.

Sabemos que os Espíritos só têm a linguagem do pensamento e não dispõem da linguagem articulada. O pensamento, portanto, é a língua universal. E é essa língua que falam quando se dirigem ao Espírito encarnado do médium. Não lhe falam em português, nem em inglês, nem em francês ou em qualquer outra língua. Para exprimirem suas idéias numa língua articulada, tomam as palavras ao vocabulário do médium, quer quando este seja intuitivo, quer mecânico ou sonambúlico. O médium lhes empresta esse vocabulário consciente ou inconscientemente.

Sendo assim, poderia parecer que a comunicação só seria possível na língua do médium, mas sabemos que assim não acontece. Não tão raro, o Espírito se manifesta noutra língua, até mesmo arcaica. Como se explica esse fato? É o que vamos analisar.

A primeira hipótese é a de que o médium seja poliglota. Terá, portanto, conhecimento de outras línguas, das quais se pode utilizar, com maior ou menor facilidade, pois o respectivo vocabulário existe na sua memória atual.

Não sendo poliglota, ou não conhecendo a língua em que transmite a mensagem, poderá acontecer que a tenha dominado numa ou mais existências pretéritas. O respectivo arquivo lingüístico estará registrado no seu inconsciente, onde são armazenadas todas as vivências passadas. O médium, induzido pelo comunicante, automaticamente retira o vocabulário correspondente a essa língua dos arcanos do inconsciente. É como uma ferramenta guardada, de uso raro, que só se retira da caixa quando há necessidade.

Mesmo que o médium não tenha utilizado a língua da mensagem numa vida passada, pode ter conhecido outra, até mesmo no presente, que lhe seja afim, possibilitando, dessa forma o fenômeno. É que as línguas, como sabemos, se dividem em grupos: línguas neolatinas, ou românicas, que procedem do latim (português, francês, espanhol, italiano, sardo, romeno, rético, galego, catalão, provençal e franco-provençal); línguas anglo-saxônicas (inglês e alemão); línguas eslavas (russo, checo, norueguês, polonês, iugoslavo, sueco, etc.); línguas arábicas (árabe, sânscrito, aramaico, etc.) e outros grupos lingüísticos. Pois bem, as línguas que compõem um grupo têm as mesmas raízes e grandes afinidades. Muitas vezes, a mesma palavra é encontrada em várias delas. Conheço um advogado com bons conhecimentos de latim, francês e espanhol, que, certa vez, sem nunca ter estudado romeno, compreendeu perfeitamente um diálogo, travado nessa língua, por uns clientes seus, em cuja companhia se encontrava. Valeu-lhe, para isso, o conhecimento das mencionadas línguas do mesmo grupo. Ora, o mesmo pode dar-se com o médium.

Finalmente, a última hipótese é a de que o médium não se enquadre em nenhum dos casos citados. Ainda assim, o Espírito poderá manifestar-se numa língua a ele estranha, valendo-se do seu sonambulismo, ou ditando-lhe a mensagem, letra por letra, o que é trabalhoso, mas não impossível. "Com algum esforço, o Espírito pode vencer a resistência material que encontra. É o que acontece quando o médium escreve, na língua que lhe é própria, palavras que não conhece".[5]

---

5 Da resposta de Timóteo e Erasto à 17ª pergunta do LM, cap. XIX, item 223.

## Médiuns analfabetos e médiuns de aptidões especiais

9 -O médium analfabeto pode receber uma mensagem oral, que transmitirá na linguagem, que lhe é característica de pessoa sem instrução. Mas, não lhe será fácil receber uma mensagem escrita, devido à grande dificuldade mecânica que o Espírito nele encontrará. A escrita, como se sabe, requer uma atividade motora, à qual o analfabeto não está habituado. Noutras palavras, falta à mão o hábito do movimento necessário a formar letras, da mesma forma que aos médiuns que não sabem desenhar é muito difícil fazer os desenhos desejados pelo Espírito.

10 - Poderia um médium, muito pouco inteligente, transmitir comunicações de ordem elevada?

A esta pergunta, responderam os Espíritos citados:

> "Sim, pela mesma razão por que um médium pode escrever numa língua que lhe seja desconhecida. A mediunidade propriamente dita independe da inteligência, bem como das qualidades morais. Em falta de instrumento melhor, pode o Espírito servir-se daquele que tem à mão. Porém, é natural que, para as comunicações de certa ordem, prefira o médium que lhe ofereça menos obstáculos materiais. Acresce outra consideração: o idiota muitas vezes só o é pela imperfeição de seus órgãos, podendo, entretanto, seu Espírito ser mais adiantado do que o julguem. Tens a prova disso em certas evocações de idiotas, mortos ou vivos".[6]

11 -Donde vem a aptidão de alguns médiuns para escrever em verso?

Os médiuns que escrevem em verso, tanto podem fazê-lo da mesma forma que escrevem numa língua que desconhecem, quanto por terem facilidade para isso, devido a terem sido poetas em existências pretéritas. É sabido que o Espírito conserva na memória pretérita os conhecimentos adquiridos em outras existências, os quais passam a integrar sua bagagem psíquica, guardada nos porões do inconsciente.

---

6 Veja-se: *Revue Spirite*, julho de 1860, artigo sobre a *Frenologia* e a *Fisignomia* (nota de Kardec).

O mesmo acontece com os médiuns que têm aptidão para o desenho e a música. Embora essa aptidão não se revele no estado ordinário, ela se manifesta durante o transe mediúnico.

Às vezes, a aptidão para a poesia, ou para o desenho, ou para a música, depende do médium. Outras, do Espírito desencarnado.

## Observação final

12 - Sobre o tema deste capítulo, sugerimos ao leitor que recorra à longa e deveras instrutiva dissertação dos Espíritos Timóteo e Erasto a esse respeito, encontrada no item 224, no final do capítulo XIX d'*O Livro dos Médiuns,* à qual Kardec acrescentou a seguinte:

> NOTA."Esta análise do papel dos médiuns e dos processos pelos quais os Espíritos se comunicam é tão clara quanto lógica. Dela decorre, como princípio, que o Espírito haure, *não as suas idéias*, porém, os materiais de que necessita para exprimi-las, no cérebro do médium e que, quanto mais rico em materiais for esse cérebro, tanto mais fácil será a comunicação. Quando o Espírito se exprime num idioma familiar ao médium, encontra neste, inteiramente formadas, as palavras necessárias ao revestimento da idéia; se o faz numa língua estranha ao médium, não encontra neste as palavras, mas apenas as letras. Por isso é que o Espírito se vê obrigado a ditar, por assim dizer, letra a letra, tal qual como quem quisesse fazer que escrevesse alemão uma pessoa que desse idioma não conhecesse uma só palavra. Se o médium é analfabeto, nem mesmo as letras fornece ao Espírito. Preciso se torna a este conduzir-lhe a mão, como se faz a uma criança que começa a aprender. Ainda maior dificuldade a vencer encontra aí o Espírito. Estes fenômenos, pois, são possíveis e há deles numerosos exemplos; compreende-se, no entanto, que semelhante maneira de proceder pouco apropriada se mostra, para comunicações extensas e rápidas e que os Espíritos hão de preferir os instrumentos de manejo mais fácil, ou, como eles dizem, os médiuns bem aparelhados do ponto de vista deles.
>
> Se os que reclamam esses fenômenos, como meio de se convencerem, estudassem previamente a teoria, haviam de saber em que condições se produzem".

13 - Desejamos acrescentar uma observação nossa relativamente à xenoglossia. É que como os espíritos afirmam que sua linguagem é a do pensamento, como se explicam as mensagens em outras linguas que não a do médium? Não seria uma contradição?

Temos que não. O Espírito comunicante pode induzir o médium a utilizar uma lingua estranha para fins que julgue úteis, como o de comprovar a autenticidade da mensagem, cunhando-a na lingua nativa da personalidade de que se revestira em determinada encarnação.

## Capítulo X

# DAS INFLUÊNCIAS NO EXERCÍCIO DA MEDIUNIDADE

*Sumário: Da influência moral do médium. - Dissertação de ERASTO sobre a influência moral. - Da influência do meio. - Reuniões mediúnicas no lar.*

1 - A mediunidade é uma faculdade psíquica que se radica no organismo e, por isso, o seu desenvolvimento independe da moral do médium.

É um dom de Deus, como muitos outros que são concedidos aos homens. Esses dons tanto são outorgados aos homens de bem, quanto a pessoas indignas.

Perguntar-se-ia se não seria mais justo que Deus concedesse a mediunidade tão somente aos homens de bem, que dela fizessem bom uso. Os Espíritos esclarecem que Deus não recusa meios de salvação aos culpados. Se há pessoas indignas que possuem a faculdade mediúnica, é que disso precisam mais do que as outras, para se melhorarem.

Há médiuns aos quais espontaneamente e quase constantemente, são dadas comunicações sobre certas questões morais. Muitos deles pensam que elas são dirigidas tão somente a outras pessoas. Pode até ser que essas pessoas delas necessitem, mas elas visam, também e principalmente, esclarecê-los e ajudá-los a corrigir-se de certos defeitos.

Os Instrutores espirituais, tratando desta questão, disseram a Kardec, referindo-se ao médium:

> "Muitas vezes, os avisos e conselhos não lhe são dirigidos pessoalmente, mas a outros a quem não nos podemos dirigir, senão por intermédio

**dele, que, entretanto, deve tomar a parte que lhe caiba em tais avisos e conselhos, se não o cega o amor-próprio.**

**"Não creais que a faculdade mediúnica seja dada somente para correção de uma, ou duas pessoas, não. O objetivo é mais alto: trata-se da Humanidade. Um médium é um instrumento pouquíssimo importante, como indivíduo. Por isso é que, quando damos instruções que devem aproveitar à generalidade dos homens, nos servimos dos que oferecem as facilidades necessárias. Tenha-se, porém, como certo que tempo virá em que os médiuns serão muito comuns, de sorte que os bons Espíritos não precisarão servir-se de instrumentos maus".** [1]

2 - Assim, não há por que o médium orgulhar-se de possuir o dom da mediunidade. Sua posse não decorre de qualquer mérito seu. Geralmente ela lhe é concedida por acréscimo de misericórdia. É um meio de melhorar-se e, através da prática da caridade, resgatar passados débitos. Costuma-se dizer que quanto maior a mediunidade, maiores as dívidas de quem a possui.

Os bons Espíritos só se utilizam de um médium imperfeito temporariamente. É natural que, em circunstâncias especiais, aproveitem uma bela faculdade, à falta de outro instrumento de comunicação. Mas, tão logo seja possível, escolhem outro com melhores qualidades morais.

3 - Não há *médium perfeito* na Terra. Podemos dizer que aqui encontramos apenas *bons médiuns*, o que já é raro. Estes são os que, simpatizando só com os bons Espíritos, não têm sido muito enganados, pois que sempre neles existe alguma falha, que é aproveitada pelos Espíritos inferiores.

*Bons médiuns* são aqueles que procuram discernir o verdadeiro do falso.

Por isso, o médium não se pode considerar infalível, nem se ensoberbecer. Querer o bem, reprimir o egoísmo e o orgulho são, no dizer dos Espíritos, as condições indispensáveis para que a

---

1 LM, cap. XX, item 226, resposta à 5ª pergunta.

palavra dos Mentores espirituais nos chegue isenta de qualquer alteração.

O médium deve precaver-se contra a vaidade e o orgulho. Aqueles que o cercam, ou a quem presta o seu concurso, favorecendo-os com o auxílio dos bons Espíritos, de modo que possa ser considerado de certa transcendência, geralmente gabam muito suas qualidades mediúnicas, enaltecendo-o sobremodo, quase endeusando-o. Isso faz-lhe insuflar a vaidade e considerar-se indispensável e único. Kardec diz que mais de uma vez teve motivo de deplorar elogios que dispensou a alguns médiuns com o intuito de os estimular.

A maneira mais eficaz de proteger-se contra essas tentações é o médium estar sempre vigilante, não vendo na mediunidade um mérito pessoal, mas uma outorga divina, que implica em grave responsabilidade de empregá-la a serviço dos bons Espíritos e dos encarnados que podem e precisam ser por ela favorecidos. A par da vigilância, deve refugiar-se na prece, pedindo ao Pai de Amor e Misericórdia que o livre do assédio das forças do mal e não o deixe cair em tentação.

### Dissertação de ERASTO sobre a influência moral

4 - A propósito do tema em estudo, recebeu Kardec do Espírito ERASTO a elucidativa instrução que passamos a transcrever:

"Já o dissemos: os médiuns, apenas como tais, só muito secundária influência exercem nas comunicações dos Espíritos; o papel deles é o de uma máquina elétrica, que transmite os despachos telegráficos, de um ponto da Terra a outro ponto distante. Assim, quando queremos ditar uma comunicação, agimos sobre o médium, como o empregado do telégrafo sobre o aparelho, isto é, do mesmo modo que o tique-taque do telégrafo traça, a milhares de léguas, sobre uma tira de papel, os sinais reprodutores do despacho, também nós comunicamos, por meio do aparelho mediúnico, através das distâncias incomensuráveis que separam o mundo visível do mundo invisível, o mundo imaterial do mundo carnal, o que vos queremos ensinar. Mas, assim como as influências atmosféricas atuam, perturbando, muitas vezes, as transmissões do telégrafo elétrico, igualmente a influência moral do médium atua e perturba, às vezes, a transmissão dos nossos despachos de além-túmulo, porque somos obrigados a fazê-los passar por um meio que lhes é contrário. Entretanto, essa influência, amiúde, se anula, pela nossa energia e vontade, e nenhum ato perturbador se manifesta. Com efeito, os ditados de alto alcance filosófico, as comunicações de perfeita moralidade são transmitidas freqüentemente por mediuns impróprios a esses ensinos superiores; enquanto que, por outro lado, comunicações pouco edificantes chegam também, freqüentemente, por médiuns que se envergonham de lhes haverem servido de condutores.

"Em tese geral, pode afirmar-se que os Espíritos atraem Espíritos que lhe são familiares e que raramente os Espíritos das plêiades elevadas se comunicam por aparelhos maus condutores, quando têm à mão bons aparelhos mediúnicos, numa palavra.

"Os médiuns levianos e pouco sérios atraem, pois, Espíritos da mesma natureza; por isso é que suas comunicações se mostram cheias de banalidades, frivolidades, idéias truncadas e, não raro, muito heterodoxas, espiriticamente falando. Certamente, podem eles dizer, e às vezes dizem, coisas aproveitáveis; mas, nesse caso, principalmente, é que um exame severo e escrupuloso se faz necessário, porquanto, de envolta com essas coisas aproveitáveis, Espíritos hipócritas insinuam, com habilidade e preconcebida perfídia, fatos de pura invencionice, asserções mentirosas, a fim de iludir a boa-fé dos que lhes dispensam atenção. Devem riscar-se, então, sem piedade, toda palavra, toda frase equívoca e só conservar do ditado o que a lógica possa aceitar, ou o que a Doutrina já ensinou. As comunicações desta natureza só são de temer para os espíritas que trabalham isolados, para os grupos novos ou pouco esclarecidos, visto que, nas reuniões onde os adeptos estão adiantados e já adquiriram experiências, a gralha perde o seu tempo a se adornar com as penas do pavão: acaba sempre desmascarada.

"Não falarei dos médiuns que se comprazem em solicitar receber comunicações obscenas. Deixemos se deleitem na companhia dos Espíritos cínicos. Aliás, os autores das comunicações desta ordem buscam, por si mesmos, a solidão e o isolamento; porquanto só desprezo e nojo poderão causar entre os membros dos grupos filosóficos e sérios. Onde, porém, a influência moral do médium se faz realmente sentir, é quando ele substitui, pelas que lhe são pessoais, as idéias que os Espíritos se esforçam por lhe sugerir e também quando tira da sua imaginação teorias fantásticas que, de boa-fé, julga resultarem de uma comunicação intuitiva. É de apostar-se então mil contra um que isso não passa de reflexo do próprio Espírito do médium. Dá-se mesmo o fato curioso de mover-se a mão do médium, quase mecanicamente às vezes, impelida por um Espírito secundário e zombeteiro. É essa a pedra de toque contra a qual vêm quebrar-se as imaginações ardentes, por isso que, arrebatados pelo ímpeto de suas próprias idéias, pelas lentejoulas de seus conhecimentos literários, os médiuns desconhecem o ditado modesto de um Espírito criterioso e, abandonando a presa pela sombra, o substituem por uma paráfrase empolada. Contra este escolho terrível vêm igualmente chocar-se as personalidades ambiciosas que, em falta das comunicações que os bons Espíritos lhes recusam, apresentam suas próprias obras como sendo desses Espíritos. Daí a necessidade de serem, os diretores dos grupos espíritas, dotados de fino tato, de sagacidade, para discernir as comunicações autênticas das que não o são e para não ferir os que se iludem a si mesmos.

"Na dúvida, abstém-te, diz um dos vossos velhos provérbios. Não admitais, portanto, senão o que seja, aos vossos olhos, de manifesta evidência. Desde que uma opinião nova venha a ser expendida, por pouco que vos pareça duvidosa, fazei-a passar pelo crisol da razão e da lógica e rejeitai desassombradamente o que a razão e o bom-senso reprovarem. Melhor é repelir dez verdades do que admitir uma única falsidade, uma só teoria errônea. Efetivamente, sobre essa teoria poderíeis edificar um sistema completo, que desmoronaria ao primeiro sopro da verdade, como um monumento edificado sobre areia movediça, ao passo que, se rejeitardes hoje algumas verdades, porque não vos são demonstradas clara e logicamente, mais tarde um fato brutal, ou uma demonstração irrefutável virá afirmar-vos a sua autenticidade.

"Lembrai-vos, no entanto, o'espíritas! de que, para Deus e para os bons Espíritos, só há um impossível: a injustiça e a iniqüidade.

"O Espiritismo já está bastante espalhado entre os homens e já moralizou suficientemente os adeptos sinceros da sua santa doutrina, para que os Espíritos já não se vejam constrangidos a usar de maus instrumentos, de médiuns imperfeitos. Se, pois, agora, um médium, qualquer que ele seja, se tornar objeto de legítima suspeição, pelo seu proceder, pelos seus costumes, pelo seu orgulho, pela sua falta de amor e de caridade, repeli, repeli suas comunicações, porquanto aí estará uma serpente oculta entre as ervas. É esta a conclusão a que chego sobre a influência moral dos médiuns".[2]

## Da influência do meio

5 - A mediunidade é apenas um meio de comunicação. Não é preciso a presença de médiuns para que os Espíritos se façam presentes. Onde houver uma ou mais pessoas, aí eles aí estarão presentes. A este respeito, preleciona Kardec:

> "Fora erro acreditar alguém que precisa ser médium para atrair a si os seres do mundo invisível. Eles povoam o espaço; têmo-los incessantemente em torno de nós, intervindo em nossas reuniões, seguindo-nos, ou evitando-nos, conforme os atraímos ou repelimos. A faculdade mediúnica

---

2 LM, cap. XX, item 230.

em nada influi para isto: ela mais não é do que um meio de comunicação. De acordo com o que dissemos acerca das causas de simpatia ou antipatia dos Espíritos, facilmente se compreenderá que devemos estar cercados daqueles que têm afinidade com o nosso próprio Espírito, conforme é este graduado, ou degradado. Consideremos agora o estado moral do nosso planeta e compreenderemos de que gênero devem ser os que predominam entre os Espíritos errantes. Se tomarmos cada povo em particular, poderemos, pelo caráter dominante dos habitantes, pelas suas preocupações, seus sentimentos mais ou menos morais e *humanitários*, dizer de que ordem são os Espíritos que de preferência se reúnem no seio dele".[3]

A toda reunião de homens corresponde uma assembléia de seres do mundo invisível, cuja natureza varia com as qualidades e defeitos dos encarnados que ali se encontram. É a *lei da afinidade*..

6 - Fácil é concluir que o meio no qual se encontra o médium exerce influência nas manifestações, auxiliando-o para o bem ou para o mal. Pode acontecer, no entanto, que um Espírito superior se comunique num meio imperfeito e apesar da falta de qualidades positivas do médium, vencendo a resistência dos encarnados, para adverti-los e lhes dar bons conselhos, como o Bom Pastor faz às ovelhas desgarradas. Mas, os Espíritos superiores normalmente não vão às reuniões fúteis, ou constituídas de pessoas indignas, ainda que instruídas, porém dominadas pela ironia. Vão, no entanto, aos meios pouco instruídos, onde, no entanto, haja sinceridade e boas intenções.

7 - Por outro lado, aos Espíritos inferiores, algumas vezes, é permitido assistirem a reuniões sérias, a fim de aproveitarem os ensinamentos ali proporcionados aos circunstantes. Não lhes é dado, todavia, manifestar-se, permanecendo em silêncio e em atitude respeitosa.

8 - À seriedade da reunião, há de acrescentar-se a pureza de coração, ou seja, a boa disposição de aprender e melhorar-se, para que se recebam comunicações de ordem elevada.

---

3 LM, cap. XXI, item 232.

9 - Kardec diz que, em resumo, as condições do meio serão tanto melhores, quanto mais homogeneidade houver para o bem, mais sentimentos puros e elevados, mais desejo sincero de instrução, sem idéias preconcebidas.

10 - De lembrar-se também, a propósito deste tema, a importância do culto do Evangelho para que os Centros Espíritas estejam resguardados da ação dos Espíritos inferiores. Se é importante que nele se realizem estudos sérios, mediante palestras instrutivas, não menos importante e imprescindível é a leitura do Evangelho, nas reuniões públicas e privadas, sua interpretação à luz do Espiritismo e a aplicação das suas máximas.

## Reuniões mediúnicas no lar

11 - Não há dúvida de que o lugar ideal para a realização das sessões mediúnicas é o Centro Espírita. Sabe-se que este, desde que bem organizado e voltado para o bem, como não pode deixar de ser, já conta com uma equipe espiritual adequada às suas altas finalidades, dispondo de recursos próprios para a sua preservação das forças maléficas.

Essa equipe espiritual programa os trabalhos na parte que toca ao plano extrafísico. Seleciona os Espíritos que se deverão manifestar de acordo com a natureza de cada reunião. Mobiliza também os recursos necessários ao bom êxito desta, prepara o ambiente físico e espiritual, dispondo nos respectivos lugares as entidades que estarão presentes, bem como aquelas que se manifestarão. Enfim, toma todas as providências para que tudo ocorra da melhor maneira possível.

12 - Haverá algum inconveniente na realização de sessão mediúnica no lar? Este assunto requer exame cuidadoso e muita ponderação.

Dúvida não há quanto às reuniões não-mediúnicas, denominadas de Culto do Evangelho no Lar. São reuniões em que se lê e comenta o Evangelho, contribuindo sobremaneira para a melhoria moral da família e para a harmonia no lar. Ajudam a melhorar o ambiente doméstico, diminuindo os conflitos familiares e atraindo os bons Espíritos, os Protetores, que indubitavelmente trazem a Paz para o recinto familiar. Essas reuniões beneficiam também os familiares desencarnados que ainda se encontrem no ambiente, assim como outros Espíritos atraídos pelos membros da família, em virtude da lei da afinidade.

13 - Quanto às sessões mediúnicas, não é muito conveniente que se realizem no ambiente doméstico, salvo as de estudo evangélico ou doutrinário, em intercâmbio com Espíritos benfeitores e esclarecidos. Para isso, cumpre tomar as necessárias cautelas e medidas salutares: leitura do Evangelho e de mensagens espíritas elevadas, e a prece, invocando a proteção do Mestre Jesus e dos seus mensageiros.

14 - A realização de sessões mediúnicas de socorro aos Espíritos sofredores nem sempre é conveniente, embora possa beneficiar os parentes desencarnados ainda apegados ao ambiente físico em que viveram e que ainda se encontram em dificuldades no plano invisível.

Na hipótese de ocorrerem essas reuniões no lar, é imprescindível que elas sejam dirigidas por alguém de grande experiência nesse tipo de trabalhos, que seja muito equilibrado e tenha profundo conhecimento da Doutrina e do Espiritismo Experimental, para que não se veja em sérias dificuldades frente a obsessores violentos e vingativos. É preciso também a participação de uma boa equipe mediúnica, composta de médiuns desenvolvidos, seguros e educados.

15 - Isto naturalmente significa que são admissíveis as reuniões mediúnicas socorristas em lares onde haja obsidiados, desde que dela não participem apenas a família que habita a casa, mas também e principalmente uma equipe mediúnica de um Grupo Espírita bem organizado e sério. É claro que o respectivo ambiente já estará saturado dos maus fluidos dos obsessores imantados a alguns dos seus habitantes, não ocorrendo a produção de outros trazidos por Espíritos estranhos.

Mas, de modo geral, voltamos a afirmar não ser aconselhável a realização de sessões mediúnicas socorristas no lar, pelos perigos que trazem, principalmente porque atraem Espíritos maléficos para o reduto doméstico.

16 - O tratamento de obsidiados deve ser feito, de preferência e com muito mais propriedade, nos Grupos Espíritas, sempre melhor aparelhados para essa finalidade.

17 - No lar, como dissemos inicialmente, podem fazer-se reuniões evangélicas, de estudo doutrinário, de passes e de tratamento de enfermos da própria família, sob os auspícios dos respectivos Espíritos protetores.

# Capítulo XI

# ALGUMAS CONSIDERAÇÕES SOBRE AS COMUNICAÇÕES ESPÍRITAS

*Sumário: A questão da identidade dos Espíritos. - Modos de distinguir os bons dos maus Espíritos. - Questões sobre a natureza e a identidade dos Espíritos. - A questão da evocação de Espíritos. - Diálogo com os Espíritos.*

## A questão da identidade dos Espíritos

1 - A questão da identidade dos Espíritos é uma das mais tormentosas para aqueles que lidam com as comunicações espíritas.

Há uma tendência daqueles que se iniciam na prática da mediunidade, quer como médiuns, quer como dirigentes, ou simples interlocutores dos desencarnados, a terem um temor reverencial para com os Espíritos que se manifestam. Assim, acreditam em todos eles e têm como verdades incontestáveis tudo o que eles dizem.

Ora, os Espíritos são como os homens. Há deles superiores e inferiores, sérios e levianos, bons e malévolos. A morte a ninguém santifica. Ao passar para o outro lado da vida, o ser continua o mesmo, não se modifica. imediatamente. Por isso, conserva as mesmas qualidades e os mesmos defeitos que o caracterizavam na vida material. As modificações que se venham a operar na sua individualidade serão fruto de um trabalho contínuo e lento, em contato com os mentores espirituais, que os auxiliam na caminhada evolutiva. Ninguém se transforma instantaneamente.

Sendo assim, temos que nos prevenir em relação à confiabilidade dos Espíritos com os quais dialogamos. Nem sempre aqueles que se apresentam sob determinada identidade são realmente quem afirmam ser. No plano astral, há também os impostores, aqueles que se divertem abusando da nossa credulidade. Por essa razão, temos de estar atentos à sua identidade.

2 - Mas, é muito difícil obter-se prova dela. Trata-se de seres invisíveis para a generalidade dos homens e mesmo os videntes, algumas vezes, podem ser enganados, em virtude dos processos ideoplásticos ao alcance dos Espíritos, que podem assumir formas que não as suas próprias.

Essa identidade nem sempre tem importância absoluta. O que mais nos interessa nas comunicações espíritas é a superioridade ou a inferioridade daqueles que se manifestam mediunicamente. E isso é facilmente reconhecível pelo conteúdo das comunicações. Se estas são boas, de conteúdo moral elevado, é que provêm de Espíritos superiores. Se más, levianas e grosseiras, certamente procedem de Espíritos inferiores. Por vezes, estes tentam disfarçar sua inferioridade, simulando uma linguagem elevada, mas sempre escorregam e acabam revelando sua verdadeira natureza.

Só num caso, a identidade do Espírito assume caráter absoluto. É quando evocamos um Espírito familiar, ou este se apresenta como tal. Mas, aí temos uma hipótese em que a identificação do comunicante é menos difícil e, até mesmo, mais fácil. Tratando-se de um familiar, pai, mãe, outro ascendente, descendente, ou algum parente colateral, temos informações, diretas ou indiretas, das suas características pessoais e, através de interrogatório adequado, chegaremos a uma conclusão definitiva.

3 - Quando se trata de instruções gerais, quer de ordem moral, quer científica, a questão da identidade passa a ter menor relevância.

Ser-nos-á indiferente, portanto, se o Espírito, que se apresenta sob determinado nome, seja realmente aquele que o teve na vida material. Às vezes, ele se identifica como certa personagem, pela credibilidade que esse Espírito tenha para nós, pelo papel que tenha representado no mundo das idéias ou da ciência, quando viveu na Terra.

O Espírito que assim age geralmente pertence ao mesmo grupo daquele sob cujo nome se identifica. O importante para os homens é o teor e a seriedade da comunicação, o ensino que ela nos ministra e não a pessoa do seu autor.

Em alguns casos, se o Espírito se apresentasse sob sua verdadeira identidade, talvez fosse para nós inteiramente desconhecido, a despeito das altas credenciais que pudesse ter. Nós só acreditamos naqueles cuja autoridade conhecemos.

4 - Do mesmo modo, um Espírito protetor, mesmo não o sendo, pode apresentar-se como o santo da nossa predileção, pela confiança que este nos inspira.

Por outro lado, os Espíritos, assim como os homens, podem valer-se da representação, incumbindo terceiros de agir como seus mandatários.

5 - É claro que tudo muda de figura quando é um Espírito inferior que se apresenta sob um nome respeitável, para se impor aos circunstantes e deles atrair a confiança. Isso acontece freqüentemente e temos de ter muito cuidado com esses impostores. *Falsos Cristos e falsos profetas se levantarão*, já preconizava o Evangelho de Mateus, cap. XXIV, vv. 4, 5, 11 a 13, 23 e 24.

Advertia, também, S. João : *Meus bem-amados, não creais em qualquer Espírito: experimentai se os Espíritos são de Deus, porquanto muitos falsos profetas se têm levantado no mundo.*[1]

Lê-se, ainda, em *O Evangelho Segundo O Espiritismo:*

> "Os falsos profetas não se encontram unicamente entre os encarnados. Há-os também, e em muito maior número, entre os Espíritos orgulhosos que, aparentando amor e caridade, semeiam a desunião e retardam a hora da emancipação da Humanidade, lançando-lhe de través seus sistemas absurdos, depois de terem feito que seus médiuns os aceitem. E, para melhor fascinarem aqueles a quem desejam iludir, para darem mais peso às suas teorias, se apropriam sem escrúpulo de nomes que só com muito respeito os homens pronunciam".[2]

---

1 *Epístola 1ª*, cap. IV, v. 1.

2 Cap. XXI, item 10, Instrução de ERASTO..

## Modos de distinguir os bons dos maus Espíritos

6 - A este respeito, deu S. Luís o seguinte conselho a Kardec:

**"Qualquer que seja a confiança legítima que vos inspirem os Espíritos que presidem aos vossos trabalhos, uma recomendação há que nunca será demais repetir e que deveríeis ter presente sempre na vossa lembrança, quando vos entregais aos vossos estudos: é a de pesar e meditar, é a de submeter ao cadinho da razão mais severa todas as comunicações que receberdes; é a de não deixardes de pedir as explicações necessárias a formardes opinião segura, desde que um ponto vos pareça suspeito, duvidoso ou obscuro".**

E Kardec resumiu nos princípios seguintes os meios de se reconhecer a qualidade dos Espíritos:

"1.º Não há outro critério, senão o bom-senso, para se aquilatar do valor dos Espíritos. Absurda será qualquer fórmula que eles próprios dêem para esse efeito e não poderá provir de Espíritos superiores.

2.º Apreciam-se os Espíritos pela linguagem de que usam e pelas suas ações. Estas se traduzem pelos sentimentos que eles inspiram e pelos conselhos que dão.

3.º Admitido que os bons Espíritos só podem dizer e fazer o bem, de um bom Espírito não pode provir o que tenda para o mal.

4.º Os Espíritos superiores usam sempre de uma linguagem digna, nobre, elevada, sem eiva de trivialidade; tudo dizem com simplicidade e modéstia, jamais se vangloriam, nem se jactam de seu saber, ou da posição que ocupam entre os outros. A dos Espíritos inferiores ou vulgares sempre algo refletem das paixões humanas. Toda expressão que denote baixeza, pretensão, arrogância, fanfarronice, acrimônia, é indício característico de inferioridade e de embuste, se o Espírito se apresenta com um nome respeitável e venerado.

5.º Não se deve julgar da qualidade do Espírito pela forma material, nem pela correção do estilo. É preciso sondar-lhe o íntimo, analisar-lhe as palavras, pesá-las friamente, maduramente e sem prevenção. Qualquer ofensa à lógica, à razão e à ponderação não pode deixar dúvida sobre a sua procedência, seja qual for o nome com que se ostente o Espírito. (LM, n. 224 - nota de Kardec.)

6.º A linguagem dos Espíritos elevados é sempre idêntica, senão quanto à forma, pelo menos quanto ao fundo. Os pensamentos são os mesmos, em qualquer tempo e em todo lugar. Podem ser mais ou menos desenvolvidos, conforme as circunstâncias, as necessidades e as faculdades que encontrem para se comunicar; porém, jamais serão contraditórios. Se duas comunicações, firmadas pelo mesmo nome, se mostram em contradição, uma das duas é evidentemente apócrifa e a verdadeira será aquela em que nada desminta o conhecido caráter da personagem. Sobre duas comunicações assinadas, por exemplo, com o nome de São Vicente de Paulo, uma das quais propendendo para a união e a caridade e a outra tendendo para a discórdia, nenhuma pessoa sensata poderá equivocar-se.

7.º Os bons Espíritos só dizem o que sabem; calam-se ou confessam a sua ignorância sobre o que não sabem. Os maus falam de tudo com desassombro, sem se preocuparem com a verdade. Toda heresia científica notória, todo princípio que choque o bom-senso, aponta a fraude, desde que o Espírito se dê por ser um Espírito esclarecido.

8.º Reconhecem-se ainda os Espíritos levianos, pela facilidade com que predizem o futuro e precisam fatos materiais de que não nos é dado ter conhecimento. Os bons Espíritos fazem com que as coisas futuras sejam pressentidas, quando esse pressentimento convenha; nunca, porém, determinam datas. A previsão de qualquer acontecimento para uma época determinada é indício de mistificação.

9.º Os Espíritos superiores se exprimem com simplicidade, sem prolixidade. Têm o estilo conciso, sem exclusão da poesia das idéias e das expressões, claro, inteligível a todos, sem demandar esforço para ser compreendido. Têm a arte de dizer muitas coisas em poucas palavras, porque cada palavra é empregada com exatidão. Os Espíritos inferiores, ou falsos sábios, ocultam sob o empolamento ou a ênfase, o vazio de suas idéias. Usam de uma linguagem pretensiosa, ridícula ou obscura, à força de quererem pareça profunda.

10.º Os bons Espíritos nunca ordenam; não se impõem, aconselham e, se não são escutados, retiram-se. Os maus são imperiosos; dão ordens, querem ser obedecidos e não se afastam, haja o que houver. Todo Espírito que impõe trai a sua inferioridade. São exclusivistas e absolutos em suas opiniões; pretendem ter o privilégio da verdade. Exigem crença cega e jamais apelam para a razão, por saberem que a razão os desmascararia.

11.º Os bons Espíritos não lisonjeiam; aprovam o bem feito, mas sempre com reserva. Os maus prodigalizam exagerados elogios, estimulam o orgulho e a vaidade, embora pregando a humildade, e procuram *exaltar a importância pessoal* daqueles a quem desejam captar.

12.º Os Espíritos superiores desprezam, em tudo, as puerilidades da forma. Só os Espíritos vulgares ligam importância a particularidades mesquinhas, incompatíveis com idéias verdadeiramente elevadas. *Toda prescrição meticulosa* é sinal certo de inferioridade e de fraude, da parte de um Espírito que tome um nome imponente.

13.º Deve-se desconfiar dos nomes singulares e ridículos, que alguns Espíritos adotam, quando querem impor-se à credulidade; fora soberanamente absurdo tomar a sério semelhantes nomes.

14.º Deve-se igualmente desconfiar dos Espíritos que com muita facilidade se apresentam, dando nomes extremamente venerados, e não lhes aceitar o que digam, senão com muita reserva. Aí, sobretudo, é que uma verificação severa se faz indispensável, porquanto isso não passa muitas vezes de uma máscara que eles tomam, para dar a crer que se acham em relações íntimas com os Espíritos excelsos. Por esse meio, lisonjeiam a vaidade do médium e dela se aproveitam freqüentemente para induzi-lo a atitudes lamentáveis e ridículas.

15.º Os bons Espíritos são muito escrupulosos no tocante às atitudes que hajam de aconselhar. Nunca, qualquer que seja o caso, deixam de objetivar um *fim sério e eminentemente* útil. Devem, pois, ter-se por suspeitas todas as que não apresentam este caráter, ou sejam condenáveis perante a razão, e cumpre refletir maduramente antes de tomá-las, a fim de evitarem-se mistificações desagradáveis.

16.º Também se reconhecem os bons Espíritos pela prudente reserva que guardam sobre todos os assuntos que possam trazer comprometimento. Repugna-lhes desvendar o mal, enquanto que aos Espíritos levianos, ou malfazejos apraz pô-lo em evidência. Ao passo que os bons procuram atenuar os erros e pregam a indulgência, os maus os exageram e sopram a cizânia, por meio de insinuações pérfidas.

17.º Os bons Espíritos só prescrevem o bem. Máxima nenhuma, nenhum conselho, *que se não conformem estritamente com a pura caridade evangélica*, podem ser obra de bons Espíritos.

18.º Jamais os bons Espíritos aconselham senão o que seja perfeitamente racional. Qualquer recomendação que se afaste da *linha reta do bom-senso, ou das leis imutáveis da Natureza*, denuncia um Espírito atrasado e, portanto, pouco merecedor de confiança.

19.º Os Espíritos maus, ou simplesmente imperfeitos, ainda se traem por indícios materiais, a cujo respeito ninguém se pode enganar. A ação deles sobre o médium é às vezes violenta e provoca movimentos bruscos e intermitentes, uma agitação febril e convulsiva, que destoa da calma e da doçura dos bons Espíritos.

20.º Muitas vezes, os Espíritos imperfeitos se aproveitam dos meios de que dispõem, de comunicar-se, para dar conselhos pérfidos. Excitam a desconfiança e a animosidade contra os que lhes são antipáticos. Especialmente os que lhes podem desmascarar as imposturas são objeto da maior animadversão da parte deles. Alvejam os homens fracos, para os induzir ao mal. Empregando alternativamente, para melhor convencê-los, os sofismas, os sarcasmos, as injúrias e até demonstrações materiais do poder oculto de que dispõem, se empenham em desviá-los da senda da verdade.

21.º Os Espíritos dos que na Terra tiveram uma única preocupação, material ou moral, se se não desprenderam da influência da matéria. continuam sob o império das idéias terrenas e trazem consigo uma parte dos preconceitos, das predileções e *mesmo das manias* que tinham neste mundo. Fácil é isso de reconhecer-se pela linguagem de que se servem.

22.º Os conhecimentos de que alguns Espíritos se enfeitam, às vezes, com uma espécie de ostentação, não constituem sinal da superioridade deles. A inalterável pureza dos sentimentos morais é, a esse respeito, a verdadeira pedra de toque.

23.º Não basta se interrogue um Espírito para conhecer-se a verdade. Precisamos, antes de tudo, saber a quem nos dirigimos; porquanto os Espíritos inferiores, ignorantes que são, tratam frivolamente das questões mais sérias. Também não basta que um Espírito tenha sido na Terra, um grande homem, para que, no mundo espírita, se ache de posse da soberana ciência. Só a virtude pode, purificando-o, aproximá-lo de Deus e dilatar-lhe os conhecimentos.

24.º Da parte dos Espíritos superiores, o gracejo é muitas vezes fino e vivo, nunca, porém, trivial. Nos Espíritos zombadores, quando não são grosseiros, a sátira mordaz é, não raro, muito apropositada.

25.º Estudando-se cuidadosamente o caráter dos Espíritos que se apresentam, sobretudo do ponto de vista moral, reconhecem-se-lhes a natureza e o grau de confiança que devem merecer. O bom-senso não poderia enganar.

26.º Para julgar os Espíritos, como para julgar os homens, é preciso, primeiro, que cada um saiba julgar-se a si mesmo. Muita gente há, infelizmente, que toma suas próprias opiniões pessoais como paradigma exclusivo do bom e do mau, do verdadeiro e do falso; tudo o que lhes contradiga a maneira de ver, as suas idéias e ao sistema que conceberam, ou adotaram, lhes parece mau. A semelhante gente evidentemente falta a qualidade primacial para uma apreciação sã: a retidão do juízo. Disso, porém, nem suspeitam. É o defeito sobre que mais se iludem os homens[3]."

Kardec termina a exposição desses meios para se reconhecer a qualidade dos Espíritos, observando que todas estas instruções decorrem da experiência e dos ensinos dos Espíritos, propondo-se a completá-las com as próprias respostas que eles deram, sobre os pontos mais importantes. Agrupou-as no tópico seguinte:

## Questões sobre a natureza e a identidade dos Espíritos

7 - 1.ª Por que sinais se pode reconhecer a superioridade ou a inferioridade dos Espíritos?

"Pela linguagem, como distinguis um doidivanas de um homem sensato. Já dissemos que os Espíritos superiores não se contradizem nunca e só dizem coisas aproveitáveis. Só querem o bem, que lhes constitui a única preocupação.

"Os Espíritos inferiores ainda se encontram sob o influxo das idéias materiais; seus discursos se ressentem da ignorância e da imperfeição que lhes são características. Somente aos Espíritos superiores é dado conhecer todas as coisas e julgá-las desapaixonadamente".

2.ª A ciência é sempre sinal certo de elevação de um Espírito?

"Não, porquanto, se ele ainda está sob a influencia da matéria, pode ter os vossos vícios e prejuízos. Há pessoas que, neste mundo, são excessivamente invejosas e orgulhosas; julgais que, apenas o deixam, perdem esses defeitos? Após a partida daqui, os Espíritos, sobretudo os que alimentaram paixões bem marcadas, permanecem envoltos numa espécie de atmosfera que lhes conserva todas as coisas más de que se impregnaram.

"Esses Espíritos semi-imperfeitos são mais de temer do que os maus Espíritos, porque, na sua maioria, reúnem à inteligência a

---

3 LM, cap. XXIV, item 267.

astúcia e o orgulho. Pelo pretenso saber de que se jactam, eles se impõem aos simples e aos ignorantes, que lhes aceitam sem exame as teorias absurdas e mentirosas. Embora tais teorias não possam prevalecer contra a verdade, nem por isso deixam de produzir um mal passageiro, pois que entravam a marcha do Espiritismo e os médiuns voluntariamente se fazem cegos sobre o mérito do que lhes é comunicado. Esse um ponto que demanda grande estudo da parte dos espíritas esclarecidos e dos médiuns. Para distinguir o verdadeiro do falso é que cumpre se faça convergir toda a atenção".

3.ª Muitos Espíritos protetores se designam pelos nomes de santos, ou de personagens conhecidas. Que se deve pensar a esse respeito?

"Nem todos os nomes de santos e de personagens conhecidas bastariam para fornecer um protetor a cada homem. Entre os Espíritos, poucos há que tenham nome conhecido na Terra. Por isso é que, as mais das vezes, eles nenhum nome declinam. Vós, porém, quase sempre, quereis um nome; então, para vos satisfazer, o Espírito toma o de um homem que conhecestes e a quem respeitais".

4.ª O uso desse nome não pode ser considerado uma fraude?

"Seria uma fraude da parte de um Espírito mau, que quisesse enganar; mas, quando é para o bem, Deus permite que assim procedam os Espíritos da mesma categoria, porque há entre eles solidariedade e analogia de pensamentos.

5.ª Assim, quando um Espírito protetor diz ser São Paulo, por exemplo, não é certo que seja o Espírito mesmo, ou a alma, do apóstolo que teve esse nome?

"Exatamente, porquanto há milhares de pessoas às quais foi dito que têm por anjo guardião São Paulo, ou qualquer outro. Mas que vos importa isso, desde que o Espírito que vos protege é tão elevado quanto São Paulo? Eu já o disse: como precisam de um nome, eles tomam um para que os possais chamar e reconhecer, do mesmo modo que tomais os nomes de batismo, para vos distinguirdes dos outros membros da vossa família. Podem, pois, tomar igualmente os dos arcanjos Rafael, Miguel, etc., sem que daí nada de mais resulte.

"Acresce que, quanto mais elevado é um Espírito, tanto mais dilatada é a sua irradiação. Segue-se, portanto, que um Espírito protetor de ordem muito elevada pode ter sob a sua tutela centenas de encarnados. Entre vós, na Terra, há notários que se encarregam dos negócios de cem a duzentas famílias; por que haveríeis de supor que menos aptos fôssemos nós, espiritualmente falando, para a direção moral dos homens, do que aqueles o são para a direção material de seus interesses?"

6.ª Por que é que os Espíritos que se comunicam tomam freqüentemente nomes de santos?

"Identificam-se com os hábitos daqueles a quem falam e adotam os nomes mais apropriados a causar forte impressão nos homens por efeito de sua crenças".

7.ª Quando evocados, os Espíritos superiores vêm sempre em pessoa, ou, como alguns o supõem, se fazem representar por mandatários incumbidos de lhes transmitir os pensamentos?

"Por que não virão em pessoa, se o podem? Se, porém, o Espírito evocado não pode vir, o que se apresenta é forçosamente um mandatário".

8.ª E o mandatário é sempre suficientemente esclarecido para responder como faria o Espírito que o envia?

"Os Espíritos superiores sabem a quem confiam o encargo de os substituir. Além disso, quanto mais elevados são os Espíritos, mais se confundem pela comunhão dos pensamentos, de tal sorte que, para eles, a personalidade é coisa indiferente, como o deve ser também para vós. Julgais, então, que no mundo dos Espíritos superiores não haja senão os que conhecestes na Terra, como capazes de vos instruírem? De tal modo sois propensos a considerar-vos como os tipos do universo, que sempre supondes nada mais haver fora do vosso mundo. Em verdade vos assemelhais a esses selvagens que, nunca tendo saído da ilha que habitam, crêem que o mundo não vai além dela".

9.ª Compreendemos que seja assim, quando se trate de um ensino sério; mas, como permitem os Espíritos superiores que outros, de baixo escalão, adotem nomes respeitáveis, para induzirem os homens em erro, por meio de máximas não raro perversas?

"Não é com a permissão dos primeiros que estes o fazem. O mesmo não se dá entre vós? Os que desse modo enganam os homens serão punidos, ficai certos, e a punição deles será proporcionada à gravidade da impostura. Ao demais, se não fosseis imperfeitos, não teríeis em torno de vós senão bons Espíritos; se sois enganados, só de vós mesmos vos deveis queixar. Deus permite que assim aconteça, para experimentar a vossa perseverança e o vosso discernimento e para vos ensinar a distinguir a verdade do erro. Se não o fazeis, é que não estais bastante elevados e precisais ainda das lições da experiência".

10.ª Não sucede que os Espíritos pouco adiantados, porém, animados de boas intenções e do desejo de progredir, se vêem designados às vezes para substituir um Espírito superior, a fim de que tenham o ensejo de se exercitarem no ensinar aos seus irmãos?

"Nunca, nos grandes centros; quero dizer: nos centros sérios e quando se trate de ministrar um ensinamento geral. Os que aí se apresentam o fazem por sua própria conta, para, como dizeis, se exercitarem. Por isso é que suas comunicações, ainda que boas, trazem o cunho da inferioridade deles. Delegados só o são para as comunicações pouco importantes e para as que se podem chamar pessoais".

11.ª Nota-se que, às vezes, as comunicações espíritas ridículas se mostram entremeadas de excelentes máximas. Como explicar essa anomalia, que parece indicar a presença simultânea de bons e maus Espíritos?

"Os Espíritos maus, ou levianos, também se metem a enunciar sentenças, sem lhes perceberem bem o alcance, ou a significação. Entre vós, serão homens superiores todos os que as enunciam? Não; os bons e os maus Espíritos não andam juntos; pela uniformidade constante das boas comunicações é que reconhecereis a presença dos bons Espíritos".

12.ª Os Espíritos que nos induzem em erro procedem sempre cientes do que fazem?

"Não; há Espíritos bons, mas ignorantes e que podem enganar-se de boa-fé. Desde que tenham consciência da sua ignorância, convêm nisso e só dizem o que sabem".

13.ª O Espírito que dá uma comunicação má sempre o faz com intenção maléfica?

"Não; se é um Espírito leviano, diverte-se em mistificar, sem outro intuito".

14.ª Podendo alguns Espíritos enganar pela linguagem que usam, segue-se que também podem, aos olhos de um médium vidente, tomar uma falsa aparência?

"Isso se dá, porém, mais dificilmente. Todavia, só se verifica com um fim que os próprios Espíritos maus desconhecem. Eles então servem de instrumentos para uma lição... O médium vidente pode ver Espíritos levianos e mentirosos, como outros os ouvem, ou escrevem sob a influência deles. Podem os Espíritos levianos aproveitar-se dessa disposição, para o enganar, por meio de falsas aparências; isso depende das qualidade do Espírito do próprio médium".

15.ª Para não ser enganado, basta que alguém esteja animado de boas intenções? E os homens sérios, que não mesclam de vã curiosidade seus estudos, também se acham sujeitos a ser enganados?

"Evidentemente, menos do que os outros; mas, o homem tem sempre alguns pontos fracos que atraem os Espíritos zombeteiros. Ele se julga forte e muitas vezes não o é. Deve, pois, desconfiar sempre da fraqueza que nasce do orgulho e dos preconceitos. Ninguém leva bastante em conta estas duas causas de queda, de que se aproveitam os Espíritos que, lisonjeando as manias, têm a certeza do bom êxito".

16.ª Por que permite Deus que maus Espíritos se comuniquem e digam coisas ruins?

'Ainda mesmo no que haja de pior, um ensinamento sempre se colhe. Toca-vos saber colhê-lo. Mister se faz que haja comunicações de todas as espécies, para que aprendais a distinguir os bons Espíritos dos maus e para que vos sirvam de espelho a vós mesmos".

17.ª Podem os Espíritos, por meio de comunicações escritas, inspirar desconfianças infundadas contra certas pessoas e causar dissídios entre amigos?

"Espíritos perversos e invejosos podem fazer, no terreno do mal, o que fazem os homens. Por isso é que estes devem estar em guarda. Os Espíritos superiores são sempre prudentes e reservados, quando têm de censurar; nada de mal dizem; advertem cautelosamente. Se querem que, no interesse delas, duas pessoas deixem de ver-se, darão causa a incidentes que as separarão de modo todo natural. Uma linguagem própria a semear a discórdia e a desconfiança é sempre obra de um mau Espírito, qualquer que seja o nome com que se adorne. Assim, pois, usai de muita circunspeção no acolher o que de mal possa um Espírito dizer de um de vós, sobretudo quando um bom Espírito vos tenha falado bem da mesma pessoa, e desconfiai também de vós mesmos e das vossa próprias prevenções. Das comunicações dos Espíritos, guardai apenas o que haja de belo, de grande, de racional, e o que a vossa consciência aprove".

18.ª Pela facilidade com que os maus Espíritos se intrometem nas comunicações, parece legítimo concluir-se que nunca estaremos certos de ter a verdade?

"Não é assim, pois que tendes um juízo para as apreciar. Pela leitura de uma carta, sabeis perfeitamente reconhecer se foi um tipo sem educação, ou um homem bem educado que a escreveu; por que não podereis conseguir isso, quando são os Espíritos que vos escrevem? Ao receberdes uma carta de um amigo ausente, que é o que vos assegura que ela provém dele? A caligrafia, direis; mas, não há falsários que imitam todas as caligrafias; tratantes que podem conhecer os vossos negócios? Entretanto, há sinais que não vos permitirão qualquer equívoco. O mesmo sucede com relação aos Espíritos. Figurai, pois, que é um amigo quem vos escreve, ou que ledes a obra de um escritor, e julgai pelos mesmos processos".

19.ª Poderiam os Espíritos superiores impedir que os maus Espíritos tomassem falsos nomes?

"Certamente que o podem; porém, quanto piores são os Espíritos, mais obstinados se mostram e muitas vezes resistem a todas as injunções. Também é preciso saibais que há pessoas pelas quais os Espíritos superiores se interessam mais do que outras e, quando eles julgam conveniente, as preservam dos ataques da mentira. Contra essas pessoas os Espíritos enganadores nada podem".

20.ª Qual o motivo de semelhante parcialidade?

"Não há parcialidade, há justiça. Os bons Espíritos se interessam pelos que usam criteriosamente da faculdade de discernir e trabalham seriamente por melhorar-se. Dão a esses suas preferências e os secundam; pouco, porém, se incomodam com aqueles juntos dos quais perdem o tempo em belas palavras".

21.ª Por que permite Deus que os Espíritos cometam o sacrilégio de usar falsamente de nomes venerandos?

"Poderias também perguntar por que permite Deus que os homens mintam e blasfemem. Os Espíritos, assim como os homens, têm o seu livre arbítrio para o bem, tanto quanto para o mal; porém, nem a uns nem a outros a justiça de Deus deixará de atingir".

22ª Haverá fórmulas eficazes para expulsar os Espíritos enganadores?

"Fórmula é matéria; muito mais vale um bom pensamento dirigido a Deus".

23.ª Dizem alguns Espíritos disporem de sinais gráficos inimitáveis, espécies de emblemas, pelos quais podem ser conhecidos e comprovarem a sua identidade, é verdade?

"Os Espíritos superiores nenhum outro sinal têm para se fazerem reconhecer além da superioridade das suas idéias e de sua linguagem. Qualquer Espírito pode imitar um sinal material. Quanto aos Espíritos inferiores, esses se traem de tantos modos, que fora preciso ser cego para deixar-se iludir".

24.ª Não podem também os Espíritos enganadores contrafazer o pensamento?

“Contrafazem o pensamento, como os cenógrafos contrafazem a Natureza”.

25.ª Parece assim fácil sempre descobrir-se a fraude por meio de um estudo atento?

“Não o duvides. Os Espíritos só enganam os que se deixam enganar. Mas, é preciso ter olhos de mercador de diamantes, para distinguir a pedra verdadeira da falsa. Ora, aquele que não sabe distinguir a pedra fina da falsa se dirige ao lapidário”.

26.ª Há pessoas que se deixam seduzir por uma linguagem enfática, que apreciam mais as palavras do que as idéias, que mesmo tomam idéias falsas e vulgares por sublimes. Como podem essas pessoas, que não estão aptas a julgar as obras dos homens, julgar as dos Espíritos?

“Quando essas pessoas são bastante modestas para reconhecer a sua incapacidade, não se fiam de si mesmas; quando por orgulho se julgam mais capazes do que o são, trazem consigo a pena da vaidade que alimentam. Os Espíritos enganadores sabem perfeitamente a quem se dirigem. Há pessoas simples e pouco instruídas mais difíceis de enganar do que outras, que têm finura e saber. Lisonjeando-lhes as paixões, fazem eles do homem o que querem”.

27.ª Na escrita. dar-se-á que os maus Espíritos algumas vezes se traiam por sinais materiais involuntários?

“Os hábeis, não; os desazados se desencaminham. Todo sinal inútil e pueril é indício certo de inferioridade. Coisa alguma inútil fazem os Espíritos elevados”.

28.ª Muitos médiuns reconhecem os bons e os maus Espíritos pela impressão agradável ou penosa que experimentam à aproximação deles. Perguntamos se a impressão desagradável, a agitação convulsiva, o mal-estar são sempre indícios da má natureza dos Espíritos que se manifestam.

“O médium experimenta as sensações do estado em que se encontra o Espírito que dele se aproxima. Quando ditoso, o Espírito é tranqüilo, leve, refletido; quando infeliz, é agitado, febril, e essa agitação se transmite naturalmente ao sistema nervoso do médium. Em suma, dá-se o que se dá com o homem na Terra: o bom é calmo, tranqüilo; o mau está constantemente agitado".

"NOTA. Há médiuns de maior ou menor impressionabilidade nervosa, pelo que a agitação não se pode considerar como regra absoluta. Aqui, como em tudo, devem ter-se em conta as circunstâncias. O caráter penoso e desagradável da impressão é um efeito de contraste, porquanto, se o Espírito do médium simpatiza com o mau Espírito que se manifesta, nada ou muito pouco a proximidade deste o afetará. Todavia, é preciso se não confunda a rapidez da escrita, que deriva da extrema flexibilidade de certos médiuns, com a agitação convulsiva que os médiuns mais lentos podem experimentar ao contato dos Espíritos imperfeitos".[4]

8 - O diálogo entre Kardec e os Espíritos, que acabamos de transcrever na íntegra, constitui um verdadeiro ***vade-mecum*** para o trato com o mundo invisível, indicando-nos como nos podemos prevenir contra as mistificações e os embustes dos falsos profetas do Além e de que meios dispomos para reconhecer os bons Espíritos, distinguindo-os dos maus.

Essa orientação serve principalmente para aqueles que se iniciam no Espiritismo prático, ainda inexperientes e com muita tendência para aceitar passivamente tudo o que provém do plano extrafísico. Mostra-nos, em fortes tintas, que os Espíritos são os mesmos homens que viveram na Terra, que se trasladaram para o Invisível, com a mesma personalidade, o mesmo modo de ser, as mesmas qualidades e os mesmo defeitos. Lá, como aqui, existem os bons e os maus, as pessoas sinceras e as falsas, os altruístas e os profundamente egoístas, os sábios e os ignorantes, os autênticos e os farsantes. Cumpre que aprendamos a distinguir o joio do trigo, para não sermos vítimas da maldade alheia, precatando-nos dos escolhos do trato com aqueles que se encontram do outro lado da vida.

---

4 LM, cap. XXIV, item 268.

## A questão da evocação de Espíritos

9 - As comunicações espíritas podem ser *espontâneas* ou *decorrentes de evocações.*

No primeiro caso, o Espírito se apresenta espontaneamente no decorrer de uma reunião mediúnica, ou quando o médium se dispõe a psicografar, ainda que isoladamente. Noutras ocasiões, o médium sente que um Espírito está querendo comunicar-se e lhe dá passividade, no momento que achar oportuno. Ou então, a comunicação decorre de evocação que tenha sido feita, no decorrer de uma reunião espírita, ou por um médium isoladamente.

Kardec observa pensarem algumas pessoas que todos devem abster-se de evocar tal ou qual Espírito, sendo preferível que se espere aquele que queira comunicar-se, porque, nesta última hipótese, o fato de a entidade se apresentar espontaneamente, de seu moto próprio, melhor prova a sua identidade, pois que manifesta assim o desejo que tem de se entreter conosco. Já, no caso de atender a uma evocação, não podemos ter a certeza de ser ele quem se apresenta.

Na opinião dele, porém, isso é um erro; primeiramente, porque há sempre em torno de nós Espíritos, as mais das vezes de condição inferior, que outra coisa não querem senão comunicar-se; em segundo lugar e mesmo por esta última razão, não chamar a nenhum em particular é abrir a porta a todos os que queiram entrar. A chamada direta de determinado Espírito constitui um laço entre ele e nós; chamamo-lo pelo nosso desejo e opomos assim uma espécie de barreira aos intrusos. Sem uma chamada direta, um Espírito nenhum motivo terá muitas vezes para vir confabular conosco, a menos que seja o nosso Espírito familiar.[5]

10 - Examinemos a questão do ponto de vista atual, porquanto, no tempo de Kardec, o Espiritismo estava mais voltado para a obtenção de esclarecimentos a respeito da vida no plano

---

5 LM, cap. XXV, item 269.

espiritual e de questões filosóficas e morais. Por outro lado, buscavam-se provas da identidade dos Espíritos, como questão essencial para o estudo da Doutrina. Isto não quer dizer que não ocorressem evocações de determinados Espíritos para consultas de interesse particular, inclusive sobre negócios, amores e o futuro de cada um. A Humanidade tem sido sempre a mesma em todos os tempos.

Hoje, porém, podemos encarar o assunto de modo mais particularizado.

Já estudamos os inconvenientes das sessões espíritas no lar. Sabemos também que os exercícios de psicografia no recesso doméstico devem ter apenas caráter complementar daqueles que são feitos nas Escolas dos Médiuns dos Grupos Espíritas. A psicografia de mensagens do Além de caráter mais elevado, de estudos sistemáticos e de livros doutrinários ou de ficção (contos, romances, crônicas, embora quase sempre baseados em fatos verdadeiros) só deve ser feita por médiuns desenvolvidos e seguros.

11- Assim, é de regra que as comunicações espíritas se processem no decorrer de sessões mediúnicas privadas, em dias e horários previamente estabelecidos, nos Centros Espíritas. Cada sessão tem sua finalidade específica, sendo de estudos, ou de desobsessão, ou para recebimento de mensagens de familiares desencarnados das pessoas que o solicitam, ou que aí se acham presentes (neste caso, as sessões podem ser, excepcionalmente, públicas).

Nessas sessões, além do dirigente encarnado e dos médiuns, estão sempre presentes o dirigente e a sua equipe espiritual. A evocação destes é automática, não precisando ser expressa. Eles comparecem aos trabalhos programados da mesma maneira que os encarnados, ou seja, sistematicamente.

12 - Se a sessão tiver finalidade socorrista (desobsessão), há dois procedimentos. Ou são evocados os Espíritos que obsidiam determinadas pessoas, ou a ela são trazidos pela equipe espiritual aqueles que estão ligados às pessoas cujos nomes se encontram na

lista dos beneficiários dos trabalhos, ou simplesmente, no livro em que consta os nomes daqueles que sofrem interferência espiritual.

Se a sessão for realizada para consolo dos familiares de desencarnados, que destes esperam receber mensagens, ou são feitas as respectivas evocações, ou se aguarda que os Espíritos presentes se dirijam aos entes queridos do plano material, presentes ou ausentes (estes, de modo mais raro). A seleção fica a critério dos Mentores espirituais, bem como na dependência das reais possibilidades de manifestação dos Espíritos. Muitas vezes, estes não se encontram, ainda que ocasionalmente, em condições de atender aos desejos e esperanças dos seus familiares.

Finalmente, se a sessão for de estudos, o normal é que a equipe espiritual se manifeste espontaneamente, de acordo com as finalidades dos trabalhos, o que, entretanto, não impede seja solicitada, por meio de evocação, a presença de determinados Espíritos que possam ser úteis aos esclarecimentos desejados.

A esse respeito, aliás, já escrevia Kardec: "Nas reuniões regulares, naquelas, sobretudo, em que se faz um trabalho continuado, há sempre Espíritos habituais que a elas comparecem, sem que sejam chamados, por estarem prevenidos, em virtude mesmo da regularidade das sessões. Tomam, então, freqüentemente a palavra para tratar de um assunto qualquer, desenvolver uma proposição ou prescrever o que se deva fazer, caso em que são facilmente reconhecíveis, quer pela forma da linguagem, que é sempre idêntica, quer pela escrita, quer por certos hábitos que lhes são peculiares".[6]

13 - Uma providência aconselhável quando se pretenda chamar determinado Espírito pela primeira vez é perguntar ao dirigente espiritual da reunião, ou a algum mentor, se é conveniente fazer a evocação, ou melhor, se o evocando está em condições de atender ao chamado.

---

6 *Ibidem.*

14 - Os maus Espíritos não devem ser evocados, a não ser quando se pretenda instruí-los, evangelizá-los, ou fazer-lhes um apelo para que deixem de perseguir determinada pessoa. Isso, porém, só deve ser feito no curso de uma reunião socorrista, com a utilização de um médium seguro. O dirigente e o médium-esclarecedor devem ter suficiente *superioridade moral*, a fim de se imporem ao obsessor, apesar de haver sempre o suporte dos mentores espirituais em tais circunstâncias.

15 - Há médiuns que cedem à tentação de fazer tratos com Espíritos inferiores afim de resolver problemas de ordem material seus ou de seus consulentes, como se aqueles fossem mais poderosos do que Deus. O seu procedimento temerário custa-lhes muito caro, porque se tornam presas desses Espíritos, que não os largam facilmente e estão sempre a cobrar os seus serviços, por insignificantes que sejam. Esses médiuns tornam-se verdadeiros obsidiados e só a muito custo se livram do domínio dos seus comparsas do plano invisível.

16 - Sobre a evocação de Espíritos de pessoas vivas (encarnados) e sobre a sua manifestação por processos mediúnicos, reportamo-nos ao estudo feito a esse respeito no tomo I deste 2º volume.[7]

17 - Kardec indagou dos Espíritos se é possível evocar o Espírito de um animal, tendo obtido a seguinte resposta:

"Depois da morte do animal, o princípio inteligente que nele havia se acha em estado latente e é logo utilizado, por certos Espíritos incumbidos disso, para animar novos seres, em os quais continua ele a obra de sua elaboração. Assim, no mundo dos Espíritos, não há errantes, Espíritos de animais, porém unicamente Espíritos humanos".

O Codificador, porém, insistiu:

a) Como é então que, tendo evocado animais, algumas pessoas hão obtido resposta?

---

7 V. tomo cit., cap. XI.

"Evoca um rochedo e ele te responderá. Há sempre uma multidão de Espíritos prontos a tomar a palavra, sob qualquer pretexto".[8]

## Diálogo com os Espíritos

18 - É importante saber-se dialogar com os Espíritos; que tipo de pergunta se lhes pode fazer, tanto quanto à forma quanto ao fundo.

Em primeiro lugar, deve-se ser claro e objetivo no formular perguntas, evitando-se os circunlóquios empolados, as questões complexas. Os assuntos devem ser apresentados ordenadamente, um de cada vez e, quando for necessário formular diversas perguntas, convém que se encadeiem metodicamente. Evitar improvisálas, quando se tratar de assunto mais profundo, preparando-as com antecedência e por escrito, o que também enseja que o Espírito delas tome conhecimento prévio. Isto facilita a prontidão e objetividade das respostas.

Quanto ao fundo, a experiência nos ensina o que podemos e o que não devemos perguntar aos Espíritos. Há perguntas a que eles não respondem, ou porque não podem ou porque não devem, conforme observou Kardec. Os Espíritos são como os homens e assim como não se devem fazer perguntas frívolas e pueris a um homem sério, a mesma atitude se deve ter em relação aos Espíritos. Eles próprios dizem que respondem com prazer às perguntas que têm por objetivo o bem e os meios de progredirmos, assim como aquelas pelas quais pedimos um bom conselho.

19 - Para maior segurança no trato deste tema, Kardec inseriu n'*O Livro dos Médiuns* as respostas que os Espíritos lhe deram acerca dos assuntos principais sobre que as pessoas pouco experientes se mostram em geral dispostas a interrogá-los. O que se segue é um resumo dessa orientação.

---

8 V. LM, cap. XXV, item 283, 36ª pergunta; é interessante também ler-se a nota com que Kardec finaliza este item.

As perguntas com que os bons Espíritos mais antipatizam são todas as que sejam inúteis, ou feitas por pura curiosidade e para experimentá-los.

Não lhes agradam também as pessoas que vêem nas manifestações espíritas uma distração e um passatempo, ou um meio de obterem revelações sobre o que lhes interessa. Eles condenam as perguntas sobre o futuro, alegando que a manifestação dos Espíritos não é um meio de adivinhação e insistir nelas atrai a resposta de um Espírito doidivanas, que não merece credibilidade.

Acrescentam, entretanto, que um bom Espírito pode prever coisas que julgue conveniente revelar, ou que ele tenha por missão tornar conhecidas; porém, nesse terreno, ainda são mais de temer os Espíritos enganadores, que se divertem em fazer previsões. Só o conjunto das circunstâncias permite se verifique o grau de confiança que elas merecem.

Deve-se desconfiar de todas as previsões que não tiverem um fim de utilidade geral. As predições pessoais podem quase sempre ser consideradas apócrifas. A Providência pôs limite às revelações que podem ser feitas aos homens. Os Espíritos sérios guardam silêncio sobre tudo aquilo que lhes é defeso revelarem.

Os Espíritos que gostam de predizer a alguém o dia e a hora certa em que morrerá são de mau gosto, de muito mau gosto mesmo, que outro fim não têm senão gozar com o medo que causam. Ninguém se deve preocupar com isso.

Perguntas sobre existências passadas podem ser respondidas, porquanto Deus algumas vezes permite que elas nos sejam reveladas, conforme o objetivo. Se for para nossa edificação e instrução, as revelações serão verdadeiras e, nesse caso, feitas quase sempre espontaneamente e de modo inteiramente imprevisto. Ele, porém, não o permite nunca para satisfação de vã curiosidade.

Nada nos pode ser revelado sobre as nossas existências futuras, mesmo porque elas não poderão ser de antemão determinadas, pois que serão conforme as prepararmos pelo nosso proceder na Terra e pelas resoluções que tomarmos quando retornarmos ao plano espiritual.

Nossos Espíritos familiares, por serem nossos amigos, os confidentes dos mais secretos pensamentos e os que se acham mais ligados à nossa pessoa, de bom grado nos respondem quando lhes pedimos conselhos sobre a nossa vida privada, desde que não os cansemos com perguntas banais.

Observe-se, porém, a ressalva de que nem sempre um Espírito familiar é bom e nem sempre nos é simpático. Aqui estamos falando dos bons. Algumas vezes, estes podem também favorecer os nossos interesses materiais por meio de revelações, mas estejamos certos de que os bons Espíritos nunca se prestam a servir à cupidez

Fiquemos sabendo também que, se for da nossa prova passar por tal ou tal vicissitude, os nossos Espíritos protetores poderão ajudar-nos a suportá-las com mais resignação, poderão mesmo, às vezes, suavizá-la; mas, no próprio interesse do nosso futuro, não lhes é lícito isentar-nos dela.

Podemos pedir aos Espíritos esclarecimentos sobre a situação em que se encontram no mundo espiritual e eles os dão de boa vontade, quando é a simpatia que dita o pedido, ou o desejo de lhes ser útil, e não a simples curiosidade. As revelações desta espécie constituem um grande ensinamento para nós, porquanto nos iniciam no conhecimento da verdadeira natureza das penas e das recompensaas futuras. Destruindo as falsas idéias que tenhamos firmado a tal respeito, elas tendem a reanimar a nossa fé e a nossa confiança na bondade de Deus.

Do mesmo modo, podemos evocar uma pessoa, cuja sorte ignoramos, para perguntar-lhe sobre o seu estado, isto é, se ainda se encontra no plano material ou se já passou para o espiritual. Se a incerteza da sua morte não constituir uma necessidade, uma prova, teremos a informação desejada e até mesmo poderemos conhecer as circunstâncias da sua eventual morte, se o Espírito a isso ligar alguma importância.

Os Espíritos nos podem dar conselhos relativos à nossa saúde, mas devemos ter o cuidado de nos dirigirmos a um que seja capacitado a fazê-lo, porquanto entre eles há os ignorantes e os sábios.

Aos Espíritos não é dado responder às perguntas que tenhma por objeto uma descoberta ou uma invenção. A ciência é obra do gênio; só pelo trabalho deve ser adquirida, pois só pelo trabalho é que o homem se adianta no seu caminho. Que mérito teria ele, se não lhe fosse preciso mais do que interrogar os Espíritos para saber tudo? A esse preço, qualquer imbecil poderia tornar-se sábio.

Diferente é o sábio e o inventor serem assistidos, em suas pesquisas, pelos Espíritos. Quando há chegado o tempo de uma descoberta, os Espíritos encarregados de lhe dirigirem a marcha procuram o homem capaz de a levar a efeito e lhe inspiram as idéias necessárias, mas de maneira a lhe deixarem o mérito da obra, porquanto essas idéias preciso é que ele as elabore e ponha em execução.

Ainda quiseram os Espíritos soubéssemos que não se obtêm informações graciosas sobre tesouros ocultos. Só as dão e falsas, os Espíritos zombeteiros, que costumam indicar tesouros que não existem, ou dizerem que estão num determinado lugar, quando sabem estarem em outro.

A este respeito, acrescentou Kardec que, quando os Espíritos querem ou podem fazer semelhantes revelações, eles as fazem espontaneamente, sem precisarem de médiuns para isso. E narra o seguinte exemplo:

"Uma senhora acabara de perder o marido, depois de trinta anos de vida conjugal, e se encontrava prestes a ser despejada do seu domicílio, sem nenhum recurso, pelos enteados, para com os quais desempenhara o papel de mãe. Chegara ao cúmulo o seu desespero, quando, uma noite, o marido lhe apareceu e disse que ela o acompanhasse ao seu gabinete. Lá lhe mostrou a secretária, que ainda estava selada com os selos judiciais, e por um efeito de dupla vista, lhe fez ver o interior, indicando-lhe uma gaveta secreta que ela não conhecia e cujo mecanismo lhe explica, acrescentando: Previ o que está acontecendo e quis assegurar a tua sorte; nessa gaveta estão as minhas últimas disposições. Deixei-te o usufruto desta casa e uma renda de... Depois, desapareceu. No dia em que foram levantados os selos, ninguém pôde abrir a gaveta. A senhora, então, narrou o que lhe sucedera. Abriu-a, de acordo com as indicações de seu marido, e lá estava o testamento, conforme ao que ele lhe anunciara".

Finalmente, quanto à pergunta sobre que confiança se pode depositar nas descrições que os Espíritos fazem dos diferentes mundos, responderam os Mentores que depende do grau de adiantamento *real* dos Espíritos que dão essas descrições, porquanto os Espíritos vulgares são tão incapazes de nos informarem a esse respeito, quanto o é, entre nós, um ignorante de descrever todos os países da Terra. Os Espíritos de boa-fé responderão de acordo com suas idéias pessoais; os levianos divertir-se-ão em dar-nos descrições estranhas e fantásticas. Já os bons Espíritos se comprazem em descrever-nos os mundos que eles habitam, como ensino tendente a nos melhorar, induzindo-nos a seguir o caminho que nos conduzirá a esses mundos. A melhor verificação dessas descrições reside na concordância que haja entre elas[9].

9 V. LM, cap. XXVI, itens 286 a 296.

## Capítulo XII

# MEDICINA ESPÍRITA E MEDIUNIDADE DE CURA

*Sumário: Doenças do corpo e da alma. - A Medicina Espírita. - Fluidoterapia e mediunidade curadora. - Os mecanismos da mediunidade de cura. - Passes. - Mecanismo do passe. - O médium passista. - Radiações. - Fluidificação da água. -Terapêutica ectoplásmica. - Intervenções espirituais. - Cirurgias simpatéticas ou simpáticas. - Cirurgia mediúnica.*

## Doenças do corpo e da alma

1 - O Espiritismo realiza a integração racional do corpo e da alma. Da harmonia entre estes dois elementos da vida depende a saúde integral.

O corpo não poderá estar são, se a alma estiver doente. A Medicina sabe que a etiologia de muitas doenças está na alma e, por isso, abriu o capítulo das *doenças psicossomáticas*, ou seja, aquelas que resultam de perturbações psíquicas. Seu tratamento só tem êxito quando, além dos remédios para o organismo, se recorre aos processos psicoterápicos, aplicados pelo próprio médico ou por um psicoterapeuta. Entre essas doenças psicossomáticas, podemos citar a asma, as gastrites, as úlceras gástricas ou duodenais, certos casos de hipertensão arterial, etc. Enquanto não se obtém o reequilíbrio psíquico e emocional, dificilmente se consegue a cura ou se evitam as recaídas.

2 - A Homeopatia, quando aplicada por profissional competente, pode resolver o problema no seu duplo aspecto, porque dispõe também de remédios para a alma. Aliás, Hahnemann, seu

fundador, escreveu no *Organon* que o bom médico deve ser médico do corpo e da alma.

Ele percebeu que as doenças não residem tão somente no organismo material, mas provêm do *ser imaterial, responsável pelas funções vitais*. Escreveu ele:

"§ 10 O organismo material, destituído da força vital, não é capaz de nenhuma sensação, nenhuma atividade, nenhuma autoconservação; é somente o ser imaterial, animador do organismo material no estado são e no estado mórbido (o princípio vital, a força vital), que lhe dá toda sensação e estimula suas funções vitais".

E acrescenta, mais adiante, no § 12:

"É somente a força vital morbidamente afetada que produz moléstias, de modo que os fenômenos mórbidos que são perceptíveis aos nossos sentidos expressam, ao mesmo tempo, toda a mudança interna, isto é, toda a perturbação mórbida do dinamismo interno...."

Mas, é tão somente no § 15 que ele torna claro ser de natureza espiritual esse princípio, essa força vital, que ele chama de *dinamismo espiritual*:

"A afecção do dinamismo (força vital) espiritual, que anima nosso corpo no interior invisível, morbidamente perturbado, bem como todos os sintomas exteriormente observáveis, por ele produzidos no organismo, e que representam o mal existente, constituem um todo, um e o mesmo. O organismo é, na verdade, o instrumento material da vida, não sendo, porém, concebível sem a animação que lhe é dada pelo dinamismo instintivamente perceptor e regularizador, tanto quanto a força vital não é concebível sem o organismo; conseqüentemente, os dois juntos constituem uma unidade; embora em pensamento, nossas mentes separem essa unidade em dois conceitos distintos para mais fácil compreensão".[1]

---

1 Aut. cit., em *Exposição da Doutrina Homeopática ou Organon da Arte de Curar*; publicação do Grupo de Estudos Homeopáticos "BENOIT MURE"; São Paulo, 1980.

Assim, Hahnemann teve a intuição de que possuimos o corpo somático e o espiritual, que ele não concebia separadamente, de modo autônomo, como o faz a Doutrina Espírita, e que as doenças do organismo material resultam de perturbações do dinamismo espiritual, ou força vital, que, alhures, ele denomina também *princípio vital*, que nada mais é do que o nosso conhecido *fluido vital*. Se o genial criador da Homeopatia não tivesse falecido em 1843, ou seja, 14 anos antes da publicação d'*O Livro dos Espíritos*, talvez tivesse usado a terminologia espírita, referindo-se claramente ao perispírito e ao fluido vital.

A Homeopatia possui medicamentos de massa e medicamentos energéticos, que atuam, respectivamente, no corpo e no perispírito. As baixas dinamizações servem para o primeiro e as altas, pelo elevado teor energético, atingem o corpo perispirítico.

## A Medicina Espírita

3 - Todo mundo sabe da existência da Medicina Espírita, à qual recorrem os desenganados pelos médicos da Terra, mesmo os que não acreditam no Espiritismo. Quando tudo está perdido, o desespero os leva aos Centros Espíritas e até aos terreiros de outras práticas de mediunismo não-espírita.

É claro que o Espiritismo não é uma panacéia para curar todos os males. Mas, em muitos casos, é eficaz para se obter a desejada cura.

Lembremo-nos de que nem Jesus curou a todos. Todavia, uma verdadeira multidão, à simples imposição de suas mãos excelsas, encontrou a alegria de recuperar a saúde ou a higidez física. Leprosos, cegos, aleijados, paralíticos foram por ele curados.

E após a cura, o Divino Médico sempre recomendava: "Vai e não tornes a pecar". Com isso, queria significar que os estados patológicos e os males físicos resultam sempre de uma incontinência de conduta.

O alcoolismo gera males gástricos, hepáticos e cardíacos em futuras encarnações, além das doenças contemporâneas da vida atual. O tabagismo é a causa de doenças pulmonares, da boca e da garganta, e o alcatrão inalado pelos fumantes é altamente cancerígeno. Essas e outras drogas afetam o cérebro e explicam as oligofrenias futuras.

Os suicídios por afogamento, arma de fogo, enforcamento, queda de grandes alturas, etc., são responsáveis pelas deformidades físicas, assim como pela surdez e algumas cardiopatias. Os abortos criminosos explicam a esterilidade e certas patologias uterinas e do sexo em geral, e assim por diante.

Os males que não foram curados por Jesus, assim como aqueles contra os quais a Medicina Espírita se mostra impotente, são aqueles cujos fatores cármicos ainda não foram anulados, isto é, cujos resíduos ainda estão operantes, impedindo a cura imediata.

O perispírito é o repositório dos efeitos negativos da incontinência e nele se acumulam as toxinas e os demais fatores patológicos, que precisam ser "drenados" através do organismo, tanto atual, quanto futuro. Enquanto esses fatores estiverem presentes no corpo perispirítico em quantidade superior àquela que pode ser retirada pela ação terapêutica da Medicina Espírita ou não-espírita, não é possível a cura da doença.

4 - O Espiritismo tem a sua Medicina, porque é um instrumento da Bondade Divina, que atua sobre os dois elementos do Universo: o Espírito e a matéria.

Como Revelação de duplo aspecto, o divino e o científico, traz-no o conhecimento e o ensino relativos a ambos esses elementos. Inspira os cientistas da Terra, incrementando os meios e os processos terapêuticos da Medicina terrena, e, através da mediunidade curadora, proporciona-nos o auxílio da Medicina Espiritual.

Contra ela, no entanto, levantam-se barreiras, que se opõem ao seu desenvolvimento, acusando de curandeiros os médiuns que a exercem. A intolerância religiosa das entidades clericais se faz sentir de modo tenaz, qualificando de charlatanismo a sua prática.

As associações médico-profissionais o fazem, porque vêm nas curas espíritas uma concorrência danosa aos interesses materiais dos seus associados. Instituições científicas combatem tenazmente a Medicina Espírita, apesar do sucesso com que cientistas de reconhecida autoridade, como Crookes, Lombroso, Richet e muitos outros, fizeram pesquisas a respeito da mediunidade, tendo chegado a conclusões positivas.

Por vezes, médiuns abnegados são levados à barra dos tribunais, acusados da prática de curandeirismo, charlatanismo e exercício ilegal da Medicina. Contra a acusação de que são alvo opõe-se o incontestável argumento de que agem por bondade e amor, na prática da pura caridade, sem qualquer interesse de ordem material, não podendo alguém ser condenado por praticar o bem.[2]

5 - Registre-se, porém, como assinala Herculano Pires, a comprovação da realidade fenomênica pela Parapsicologia, dando novo alento às possibilidades da Medicina Espírita. Hoje há várias associações de Medicina e Espiritismo e de médicos espíritas no Brasil e no mundo, grandes redes hospitalares espíritas e notáveis trabalhos publicados por cientistas e médicos espíritas, particularmente nos Estados Unidos, na Inglaterra, na Itália, na Alemanha e na Suíça. O interesse das ciências soviéticas também se manifestou, apesar das objeções ideológicas, e o Dr. Wladimir Raikov, da Universidade de Moscou, projetou-se mundialmente como investigador dos fenômenos mediúnicos através da Parapsicologia.[3]

6 - Em 1968, os cientistas russos Drs. V. Inyushin, V. Grishchenko, N. Fedorova e F. Giadulin, partindo das pesquisas feitas com auxílio do processo fotográfico kirliano,[4] anunciaram

---

2 A propósito deste tema, v. o livro de Carlos Imbassahy, *A Mediunidade e a Lei*, editado pela FEB.

3 V. aut. cit., no livro *Mediunidade (Vida e Comunicação)*, cap. XII, editado pela EDICEL, a partir de 1978.

4 A fotografia *kirliana* é um processo fotográfico especial descoberto por Semyon Davidovich Kirlian e sua esposa, Valentina. Kirlian, técnico eletrônico, exercendo suas atividades profissionais em Crasnodar, no sul da Rússia, ao ir, em 1939, a um instituto de pesquisas para apanhar um equipamento técnico a ser consertado, no momento em que funcionava um instrumento de alta freqüência de eletroterapia, notou um certo lampejo entre os elétrodos do aparelho e a pele do paciente. A partir de então, passou a realizar inúmeras experiências para fotografar aquele lampejo e daí resultou a invenção da fotografia kirlian, que é um processo fotográfico de alta freqüência (75.000 a 200.000 oscilações elétricas por segundo). Por esse método, tornou-se possível fotografar a aura dos seres vivos.

ao mundo a descoberta do *Corpo do Plasma Biológico*, ou *corpo bioplásmico*, que todas as coisas vivas - plantas, animais e seres humanos - possuem além do corpo físico. Explicaram que esse *corpo energético*, constituído de elétrons e prótons ionizados e possivelmente de outras partículas, emite os próprios campos eletromagnéticos e é a base de campos biológicos.

Descobriram, assim, o corpo energético, modelador do corpo físico, que nada mais é do que o perispírito. E foram além. Suas pesquisas, assim como a de outros cientistas soviéticos, demonstraram que se pode prever a doença futura, porquanto esta, antes de manifestar-se no corpo físico, se manifesta no corpo bioplásmico, numa fabulosa comprovação da teoria espírita.[5]

7 - Os processos terapêuticos espíritas são múltiplos e variados.

Podemos classificá-los em: a) *fluidoterapia*, compreendendo os *passes*, as *radiações* e a *fluidificação da água*; b) *diagnóstico mediúnico*; c) *receituário mediúnico;* d) *intervenções espirituais;* e) *terapêutica ectoplásmica*; f) *cirurgias-simpatéticas ou simpáticas*; g) *cirurgias mediúnicas*; h) *desobsessão* (no campo da psiquiatria espiritual)

Estudaremos, a seguir, cada uma dessas modalidades, menos a desobsessão, de que trataremos em capítulo específico.

## Fluidoterapia e mediunidade curadora

8 - *Fluidoterapia* é o tratamento que se faz mediante transmissão de energia. É a terapia que tem por base a transmissão de fluidos, principalmente do fluido vital.

Sabemos que o perispírito é nosso corpo energético e que este está ligado ao organismo material, célula por célula, por campos de força.

---

5 A respeito destas descobertas, v. o livro *Experiências Psíquicas Além da Cortina de Ferro*, de Sheila Ostrander e Lynn Schroeder, duas jornalistas norte-americanas, pesquisadoras da Universidade de Prentice-Hall, dos EUA, que publicou a 1ª edição do livro; a tradução para o português, de Otávio Mendes Cajado, em 1974. foi publicada pela Cultrix, de São Paulo.

A interação entre os dois corpos se faz pelos centros de força (*chakras*), que atuam sobre os plexos nervosos. É através deles que a energia é transmitida do doador ao paciente. Os fluidos são absorvidos tanto pelo corpo espiritual, quanto pelo corpo físico. Ambos são beneficiados e estimulados, recuperando-se dos desgastes sofridos e dos estados mórbidos: o organismo material por meio do aumento da vitalidade proporcionada pelos fluidos recebidos e o perispírito, pela aceleração vibratória.

9 - A mediunidade curadora, de que são dotadas algumas pessoas, consiste na capacidade ou dom de curar moléstias e aliviar sintomas patológicos, ou revigorar tecidos e órgãos do corpo humano, sem o concurso de medicação, pela simples imposição das mãos, pelo toque, pelo olhar ou pela simples irradiação de forças magnéticas próprias, combinadas com fluidos espirituais.

Os médiuns curadores são dotados de magnetismo mais acentuado do que as outras pessoas, inclusive os médiuns em geral.

As curas e o alívio que proporcionam aos pacientes, no entanto, não decorrem exclusivamente da sua força magnética. A mediunidade pressupõe sempre o concurso dos Espíritos.

Allan Kardec estabeleceu a diferença entre a *magnetização ordinária* e *a mediunidade de cura*, esclarecendo que a primeira "é um verdadeiro tratamento seguido, regular e metódico", no qual "o fluido magnético desempenha importante papel", ao passo que, na segunda, "a intervenção de uma potência oculta, que é o que constitui a mediunidade, se faz manifesta, em certas circunstâncias, sobretudo se considerarmos que a maioria das pessoas que podem, com razão, ser classificadas de médiuns curadores recorre à prece, que é uma verdadeira evocação".[6]

Este tema foi objeto de várias indagações de Kardec aos Espíritos, dos quais obteve respostas como sempre altamente elucidativas e que passamos a transcrever:

---

6 LM, cap. XIV, item 175, 7ª pergunta.

1.ª Podem considerar-se as pessoas dotadas de força magnética uma variedade de médiuns?

"Não há que duvidar".

2.ª Entretanto, o médium é um intermediário entre os Espíritos e o homem; ora, o magnetizador, haurindo em si mesmo a força de que se utiliza, não parece que seja intermediário de nenhuma potência estranha.

"É um erro; a força magnética reside, sem dúvida, no homem, mas é aumentada pela ação dos Espíritos que ele chama em seu auxílio. Se magnetizas com o propósito de curar, por exemplo, e invocas um bom Espírito que se interessa por ti e pelo teu doente, ele aumenta a tua força e a tua vontade, dirige o teu fluido e lhe dá as qualidades necessárias".

3.ª Há, entretanto, bons magnetizadores que não crêem nos Espíritos?

"Pensas então que os Espíritos só atuam nos que crêem neles? Os que magnetizam para o bem são auxiliados por bons Espíritos. Todo homem que nutre o desejo do bem os chama, sem dar por isso, do mesmo modo que, pelo desejo do mal e pelas más intenções, chama os maus".

4.ª Agiria com maior eficácia aquele que, tendo a força magnética, acreditasse na intervenção dos Espíritos?

"Faria coisas que consideraríeis milagre".

5.ª "Há pessoas que verdadeiramente possuem o dom de curar pelo simples contato, sem o emprego dos passes magnéticos?

"Certamente; não tens disso múltiplos exemplos?"

6.ª Nesse caso, há também ação magnética, ou apenas influência dos Espíritos?

"Uma e outra coisa. Essas pessoas são verdadeiros médiuns, pois que atuam sob a influência dos Espíritos; isso, porém, não quer dizer que sejam quais médiuns escreventes, conforme o entendes".

7.ª Pode transmitir-se esse poder?

"O poder, não; mas o conhecimento de que necessita, para exercê-lo, quem o possua. Não falta quem não suspeite sequer de que tem esse poder, se não acreditar que lhe foi transmitido".

8.ª Podem obter-se curas unicamente por meio da prece?

"Sim, desde que Deus o permita; pode dar-se, no entanto, que o bem do doente esteja em sofrer por mais tempo e então julgais que a vossa prece não foi ouvida".

9.ª Haverá para isso algumas fórmulas de prece mais eficazes do que outras?

"Somente a superstição pode emprestar virtudes quaisquer a certas palavras e somente Espíritos ignorantes, ou mentirosos podem alimentar semelhantes idéias, prescrevendo fórmulas. Pode, entretanto, acontecer que, em se tratando de pessoas pouco esclarecidas e incapazes de compreender as coisas puramente espirituais, o uso de determinada fórmula contribua para lhes infundir confiança. Neste caso, porém, não é na fórmula que está a eficácia, mas na fé, que aumenta por efeito da idéia ligada ao uso da fórmula".[7]

10 - A mediunidade curadora é um dom inato. Não pode adquiri-la, nem desenvolvê-la quem não a possua. Aprimora-se. Todavia, pelo aperfeiçoamento moral e pela melhor sintonia com o plano espiritual superior.

Ensina-nos André Luiz:

"Indiscutivelmente não prescindimos do coração nobre e da menta pura, no exercício do amor, da humildade e da fé viva, para que os raios do poder divino encontrem acesso e passagem por nós, a benefício dos outros. Para a sustentação de um serviço metódico de cura, isso é indispensável".[8]

## Os mecanismos da mediunidade de cura

11 - A base do estudo da mediunidade curadora é a compreensão da interdependência da mente e do envoltório perispirítico. Este é, na definição de André Luiz, "templo da alma,

7 LM, cap. XIV, item 176.
8 Aut. cit., em *Nos Domínios da Mediunidade*, psicog. de Francisco C. Xavier; FEB, 11ª ed., pág. 166.

estruturado em bilhões de células a se caracterizarem por atividade incessante"

Ele acentua a interdependência que existe também entre cada centro de força e cada órgão do envoltório psicossomático, considerados como departamentos de trabalho, "não obstante o caráter autônomo atribuível a cada um", acrescentando:

"Semelhantes peças, no entanto, obedecem ao comando mental, sediado no cérebro, que lhes mantém a coesão e o equilíbrio, por intermédio das oscilações inestancáveis do pensamento

"Temos, assim, as variadas províncias celulares sofrendo o impacto constante das radiações mentais, a lhes absorverem os princípios de ação e reação desse ou daquele teor, pelos quais os processos da saúde e da enfermidade, da harmonia e da desarmonia são associados e desassociados, conforme a direção que lhes imprime a vontade".[9]

12 - E numa surpreendente revelação, diz-nos que o sistema hemático, ou sangüíneo, no corpo físico representa o conjunto das energias circulantes no corpo espiritual ou psicossoma. Esclarece que essas energias são tomadas em princípio pela mente, através da respiração, ao reservatório incomensurável do fluido cósmico, razão pela qual nos compete voltar a atenção para o sistema sangüíneo, no estudo de qualquer processo fluidoterápico de tratamento ou de cura.[10]

Há uma íntima relação entre a assimilação dos alimentos, que é feita através da parede intestinal e o sangue, encarregado de levar as substâncias assimiladas para todo o corpo, fazendo-as penetrar nas células através das suas membranas plasmáticas.

Essa "permuta contínua de substâncias com a incessante transformação de energia.... acontece porque a força mental con-

---

9 Aut. cit., em *Mecanismos da Mediunidade*, psicog. de F. C. Xavier e Waldo Vieira; FEB, 4ª ed., XII, p. 157.

10 *Idem, ibidem*, p. 158.

grega substância e energia na produção dos recursos de apoio à existência e dos elementos reguladores do metabolismo".

De tudo isso, tira o admirável Mentor Espiritual a seguinte conclusão:

"Fácil entender que todo desregramento de natureza física ou moral faz-se refletir, de imediato, por reações mentais conseqüentes, sobre as províncias celulares, determinando situações favoráveis ou desfavoráveis ao equilíbrio orgânico.

"O pensamento é a força que, devidamente orientada, no sentido de garantir o nível das entidades celulares no reino fisiológico, lhes facilita a irrigação ou lhes acelera a mobilidade para certos efeitos de preservação ou defensiva, seja na improvisação de elementos combativos e imunológicos ou na impugnação aos processos patogênicos, com a intervenção da consciência profunda.

"Deduzimos, sem dificuldade, que se é possível a hipnotização da mente humana, com vistas a certos fins, com mais propriedade operar-se-á a magnetização das entidades corpusculares, para efeitos determinados, no ajustamento das células".[11]

## Passes

13 - O passe consiste em processo de transfusão de energia fluídica, do doador para o paciente, associada a fluidos espirituais e, por vezes, a outros recursos da Natureza, carreados pelos operadores espirituais.

Esse conceito pode variar de acordo com *a natureza do passe*. Isto porque não é preciso ser médium curador para se darem passes com êxito. Qualquer pessoa, animada de boa vontade e que recorra à prece, pode ser bem sucedida na aplicação do passe.

Não sendo, quem o ministra, médium no sentido específico, o passe será puramente *magnético* ou *material*. Aos requisitos da boa vontade e da prece, há de aliar-se, naturalmente, algum co-

11 *Idem, ibidem*, p. 159.

nhecimento, ainda que elementar, da técnica aplicável. O passe ministrado por pessoa que desconheça totalmente como fazê-lo pode prejudicar o paciente.

Como lembra Carlos Pastorino, "todas as criaturas humanas têm uma capacidade elétrica.... porque o próprio corpo é um eletrólito". E "os passes.... são um *derramamento* de elétrons, através das pontas dos dedos, para restabelecer o equilíbrio daquele que recebe o passe, e que deles está carecente"[12].

Daí o esclarecimento de Edgard Armond no sentido de que os passes "podem ser aplicados por qualquer pessoa e até mesmo por materialistas, desde que possuam os conhecimentos necessários e capacidade de doar fluidos. Obedece a uma técnica determinada e, feitos empiricamente, por pessoa ignorante, tornam-se prejudiciais, produzindo perturbações de várias naturezas".[13]

A força magnética pode existir na pessoa, sem que ela seja médium, possibilitando-lhe, portanto, a aplicação do passe, mediante os requisitos necessários, já mencionados.

A esse respeito, preleciona Allan Kardec:

"Todos os magnetizadores são mais ou menos aptos a curar, desde que saibam conduzir-se convenientemente, ao passo que nos médiuns curadores a faculdade é espontânea e alguns até a possuem sem jamais terem ouvido falar de magnetismo".[14]

14 - Podemos dizer que o *médium passista,* tendo em vista ser espontânea a faculdade que possui, pode até ignorar a técnica do passe e aplicá-lo corretamente, quando o passe é *mediúnico*, isto é, quando é dirigido pelo operador espiritual. Isto porque o movimento de suas mãos é dirigido por este, sendo o médium apenas o instrumento passivo.

---

12 Aut. cit., em *Técnica da Mediunidade;* Rio de Janeiro, 1973, Sabedoria, 2ª ed., p. 24.
13 Aut. cit., em *Passes e Radiações*; LAKE, 11ª ed. , p. 96.
14 LM, cap. XIV, item 175.

Isso não significa, entretanto, que o médium *deva ou possa ignorar* como se processa o refazimento pelo passe. Muito pelo contrário, ele *deve* estudar e procurar conhecer a anatomia e a fisiologia do perispírito, bem como a interação dos centros de força com os plexos nervosos, para agir com conhecimento de causa e, com isso, aumentar a eficácia dos passes.

15 - Classificam-se os passes em:

1º) *passe magnético propriamente dito,* ou *passe material,* quando aplicado por um magnetizador não-médium, ou por qualquer pessoa de boa vontade, provida do conhecimento necessário;

2º) *passe magnético aplicado por médium passista,* quando ministrado por alguém que seja médium, mas sem que o faça mediunicamente, isto é, *sem que incorpore* o operador espiritual, limitando-se a estar em sintonia com ele;

3º) *passe mediúnico,* ou *passe espiritual indireto,* ou seja, aquele que é aplicado por médium em estado de incorporação, pelo que os fluidos transmitidos são os próprios do médium, associados aos fluidos da entidade espiritual incorporada, mais os hauridos na Natureza;

4º) *passe espiritual,* ou o que é dado pelos Espíritos sem a utilização direta de um médium; nesse tipo de passe, os operadores espirituais podem utilizar-se também de fluidos retirados de médiuns presentes ou encontrados a alguma distância, bem como recursos da Natureza.

16 - André Luiz, sem dizê-lo expressamente, distingue os *magnetizadores comuns,* ou *profissionais,* do *médium de passe magnético.* Os primeiros, "que desenvolvem as forças que lhes são peculiares, no trato da saúde humana",[15] "fazem belas demonstrações, impressionam, convencem, contudo movimentam-se na esfera do puro fenômeno, sem aplicações edificantes no campo da

---

15 Aut. cit., em *Mecanismos da Mediunidade,* 4ª ed., p. 159.

espiritualidade"[16]. E define "o medianeiro do passe magnético por autêntico representante do magnetizador espiritual, à frente do enfermo", explicando que, "estabelecido o clima de confiança, qual acontece entre o doente e o médico preferido, cria-se a ligação sutil entre o necessitado e o socorrista e, por semelhante elo de forças, ainda imponderáveis no mundo, verte o auxílio da Esfera Superior, na medida dos créditos de um e de outro".[17]

Quanto aos magnetizadores comuns, não devem ser chamados de médiuns de passes magnéticos, porquanto eles não atuam como médiuns, não estabelecem ligação com o Plano Espiritual positivo e têm por objetivo apenas a produção do fenômeno magnético. É ainda André Luiz que esclarece que esses hipnotizadores comuns podem curar, mas acidentalmente, quando o enfermo é credor de assistência espiritual imediata, com a intervenção de amigos que o favorecem". E adverte: "Fora disso, os que abusam dessa fonte de energia, explorando-a a seu bel-prazer, quase sempre resvalam para a desmoralização de si mesmos, porque interferindo num campo de forças que lhes é desconhecido, guiados tão somente pela vaidade ou pela ambição inferior, fatalmente encontram entidades que com eles se afinam, precipitando-se em difíceis situações que não vem à baila comentar".[18]

17 - Os passes são aplicados por imposição das mãos, geralmente seguida de movimentos longitudinais, rotatórios, transversais, ou perpendiculares, com a finalidade de retirar os miasmas e os maus fluidos que se acumulam no corpo espiritual do paciente, bem como para operar a desvinculação de Espíritos que o prejudicam (obsessores).

Muitas vezes, os médiuns mais sensíveis sentem, durante essa operação preliminar de limpeza, a viscosidade dos fluidos

---

16 *Idem, ibidem*, p. 165.
17 *Idem, ibidem*, p. 160.
18 *Idem*, em *Nos Domínios da Mediunidade*, ed. cit., pág. 170.

deletérios retirados, assim como uma espécie de gosma a escorrer-lhes pelas mãos e pontas dos dedos.

Após a limpeza, deve o médium livrar-se desses fluidos grosseiros, sacudindo as mãos e os dedos (não há necessidade de estalar estes), como quem seca as mãos molhadas, ao mesmo tempo em que deve orar, para pedir o auxílio dos Mentores para esse trabalho de higienização.

Em seguida, volta a impor as mãos sobre o paciente, desta vez para transmitir-lhe fluidos salutares e curadores, começando pelo centro coronário (no alto da cabeça) e descendo para os demais centros de força, parando naqueles que precisam ser mais fortificados, conforme o problema patológico do beneficiário. Se o mal for de garganta, pára no *chakra* laríngeo e sobre este impõe as mãos, em movimentos perpendiculares e repetidos, para projetar fluidos sobre essa região; se cardíaco, pára no centro coronário; se digestivo, ou de perseguição espiritual, no centro umbilical (correspondente ao plexo solar); se hemático (sangüíneo),ou relativo a hiper ou hipoglicemia, no centro esplênico (correspondente ao plexo mesentérico), e assim por diante.[19]

Os passes devem ser aplicados exclusivamente de cima para baixo; nunca de baixo para cima. É por isso que é importante para o médium o estudo dos centros de força e dos plexos nervosos, assim como procurar ter noções de patologia, ou seja, das doenças e seus sintomas.[20]

O paciente pode receber os passes de pé, sentado ou deitado. Quando sentado, deve apoiar as mãos sobre os joelhos. voltadas para estes, e não deve cruzar os braços, nem as pernas, a fim de não interromper a corrente fluídica, que circula ao longo de todo o corpo.

---

19 Rever o capítulo V, onde estão relacionados os centros de força e os plexos nervosos correspondentes.

20 Há vários livros bons sobre essa matéria, entre os quais indicamos: *Passes e Curas Espirituais*, de Wenefledo de Toledo, Editora Pensamento; *Passes e Radiações*, de Edgard Armond, Editora LAKE.

A ministração dos passes pode ser feita com ambas as mãos, ou com apenas uma delas.

18 - Os passes podem ser, ainda, *individuais* ou *coletivos*. Os primeiros são aplicados pelo médium passista em cada necessitado de per si, e os segundos, sempre mediúnicos, aplicados simultaneamente em um grupo de pessoas, por um ou vários médiuns, que fazem um passe geral, durante alguns minutos. Nesse caso, ficam todos de pé, postando-se os médiuns passistas de frente para os receptores.

19 - Podemos mencionar também o *passe à distância*, que consiste na mentalização da figura do necessitado feita pelo médium, que, pelo pensamento e mediante vibrações, direciona para aquele seus fluidos. de modo a serem aproveitados pelos magnetizadores do Plano Espiritual para o alívio ou cura do enfermo.

André Luiz adverte ser condição de eficácia do passe à distância a existência de sintonia entre aquele que o administra e aquele que o recebe.[21]

Alternativamente, o paciente pode ser mentalizado por alguém, que recebe o passe aplicado pelo médium, devendo a mentalização ser sustentada enquanto durar o passe.

Finalmente, o *auto-passe* é aquele que a própria pessoa aplica em si mesma, preparando-se previamente pela prece e pela concentração e invocando o auxílio de seu Anjo da Guarda, ou de um Protetor Espiritual.

20 - Lembremos, ainda, o *passe em corrente*, que consiste em serem os necessitados dispostos em assentos enfileirados ou em círculo, por trás dos quais se distribuem médiuns, formando poderosa corrente mental, em perfeita sintonia com os Espíritos Curadores, encarregados do trabalho no Plano Extrafísico, enquanto todos os médiuns passistas, simultaneamente, em frente a cada necessitado, lhes ministram o passe.

21 Aut. cit., em *Nos Domínios da Mediunidade*, ed. cit., p. 170.

21 - Embora pouco conhecido e pouco usado na prática espírita, mencionamos, finalmente, o *passe pelo sopro,* ou *sopro curador*.

O sopro pode ser *frio* ou *quente*.

O sopro frio é aplicado com o ar vindo dos pulmões. É uma expiração mais profunda e prolongada, como quem faz exercício respiratório, aplicando-se sobre a região doente ou ao longo do corpo do paciente. Sua finalidade é dispersar os maus fluidos, tendo função idêntica à dos passes rotatórios, transversais e perpendiculares.

O sopro quente é transmitido pela boca, com ar vindo do estômago, assoprando-se sobre o local visado, ou sobre toda a pessoa, com a finalidade de aliviar uma dor ou um mal-estar localizado. Faz-se o sopro aproximando a boca do local da dor, o qual deve ser coberto com uma flanela branca, quando se tratar de doença contagiosa.

## Mecanismo do passe

22 - No passe magnético, administrado por alguém que não seja médium no sentido específico, a sua vontade mobiliza as forças mentais, que, por sua vez, atuam sobre os próprios recursos vitais, direcionando-os, em emanações fluídicas para o paciente.

Quando o passista, ainda que materialista, magnetiza para o bem, é, sem dúvida, conforme já vimos, auxiliado pelos bons Espíritos, que adicionam às suas emanações magnéticas recursos espirituais.

No passe magnético administrado por médium de cura, desde que o necessitado esteja confiante e receptivo, às emanações energéticas do passista se associam, de modo harmônico e intenso, as energias espirituais e outros recursos da Natureza ou de ordem especificamente medicinal, que são canalizados para o enfermo, na proporção do merecimento de um e de outro.

"Ao toque da energia emanente do passe, com a supervisão dos benfeitores desencarnados, o próprio enfermo, na pauta da confiança e do merecimento de que dá testemunho, emite ondas mentais características, assimilando os recursos vitais que recebe, retendo-os na própria constituição fisiopsicossomática, através das várias funções do sangue.

"O socorro, quase sempre hesitante a princípio, corporifica-se à medida que o doente lhe confere atenção, porque, centralizando as próprias radiações sobre as províncias celulares de que se serve, lhes regula os movimentos e lhes corrige a atividade, mantendo-lhes as manifestações dentro de normas desejáveis, e, estabelecida a recomposição, volve a harmonia orgânica possível, assegurando à mente o necessário governo do veículo em que se amolda".

"O processo de socorro pelo passe é tanto mais eficiente quanto mais intensa se faça a adesão daquele que lhe recolhe os benefícios, de vez que a vontade do paciente, erguida ao limite máximo de aceitação, determina sobre si mesmo mais elevados potenciais de cura.

"Nesse estado de ambientação, ao influxo dos passes recebidos, as oscilações mentais do enfermo se condensam, mecanicamente, na direção do trabalho restaurativo, passando a sugeri-lo às entidades celulares do veículo em que se expressam, e os milhões de corpúsculos do organismo fisiopsicossomático tendem a obedecer, instintivamente, às ordens recebidas, sintonizando-se com os propósitos do comando espiritual que os agrega".[22]

23 - Acrescentamos, para finalizar este tópico, que o passe pode ser ministrado tanto a crianças, quanto a adultos de qualquer idade, assim como a quem estiver lúcido ou em estado de obnubilação mental, ou em coma, e que as dificuldades de ligação do paciente com o Plano Espiritual são supridas pela prece do médium

---

22 *Idem*, em *Mecanismos da Mediunidade*, ed. cit., pp. 160 e 161.

ao Divino Médico, que para ele carreia a assistência amorável dos médicos do espaço e dos demais benfeitores espirituais.

## O médium passista

24 - Tanto do médium passista quanto da pessoa que aplica passe magnético propriamente dito, exigem-se certos requisitos para a eficácia do serviço, de modo a produzir efeito positivo e benéfico e não prejudicar o paciente. Já vimos que a falta de conhecimentos adequados do passista pode prejudicar quem recebe o passe. Do mesmo modo, se o passista não estiver com saúde e não observar determinadas regras de higiene corporal e espiritual, o resultado obtido será negativo e contrário ao desejado.

Quando adoecido ou em estado de desarmonia psíquica, que desorganiza as forças interiores, tem o dever de abster-se da ministração do passe.

Um simples resfriado e um mal-estar passageiro são razões suficientes para que ele suspenda o serviço de passes. É imprescindível que o passista esteja bem, com boa disposição física e mental.

O estado psíquico também é importante. A tristeza, os estados emocionais fortes, as mágoas excessivas, a depressão, bem como a inquietude, os estados de angústia e de excitação, o desequilíbrio nervoso e qualquer anormalidade psíquica são contra-indicações para a ministração do passe.

Em suma, o médium passista deve preservar a saúde, obedecendo aos preceitos de higiene física, psíquica e espiritual. O asseio corporal é imprescindível, assim como a higiene mental, evitando-se as posturas, conversações, pensamentos e sentimentos negativos. Cumpre exercitar a boa moral e o otimismo, buscando-se, do modo mais constante possível, sintonia com os planos espirituais elevados.

A aquisição de conhecimentos, ainda que elementares, de anatomia e fisiologia, como vimos repetindo, é também imprescindível para que o médium não atue empiricamente, mas de modo seguro e consciente, utilizando a técnica adequada, para a boa eficácia do passe.

Em abono dessa recomendação, podemos citar André Luiz

"Decerto, o estudo da constituição humana lhes é naturalmente aconselhável, tanto quanto ao aluno de enfermagem, embora não seja médico, se recomenda a aquisição de conhecimentos do corpo em si. E do mesmo modo que esse aprendiz de rudimentos da Medicina precisa atentar para a assepsia do seu quadro de trabalho, o médium passista necessitará vigilância no seu campo de ação, porquanto de sua higiene espiritual resultará o reflexo benfazejo naqueles que se proponha socorrer. Eis porque se lhe pede a sustentação de hábitos nobres e atividades limpas, com a simplicidade e a humildade por alicerces no serviço de socorro aos doentes, de vez que semelhantes fatores funcionarão à maneira de tungstênio na lâmpada elétrica, susceptível de irradiar a força da usina, produzindo a luz necessária à expulsão da sombra.

"O investimento cultural ampliar-se-lhe-á os recursos psicológicos, facilitando-lhe a recepção das ordens e avisos dos ins-trutores que lhes propiciem amparo, e o asseio mental lhe consolidará a influência, purificando-a, além de dotar-lhe a presença com a indispensável autoridade moral, capaz de induzir o enfermo ao despertamento das próprias forças de reação".[23]

## Radiações

25 - *Radiações* são emissões de ondas fluídicas feitas por dois ou mais médiuns, objetivando o tratamento, material ou espiritual, à distância, de enfermos, mediante o valioso concurso dos Espíritos Curadores, que são os verdadeiros manipuladores dos fluidos fornecidos pelos médiuns.

---

23 *Idem, ibidem*, pp. 159 e 160.

## Fluidificação da água

26 - Nem sempre nos apercebemos do valor da água na nossa vida e no mundo.

O corpo humano é constituído de 75% de água, e a superfície do nosso planeta é representada por 3/4 partes de água. A água é responsável pela hidratação necessária ao nosso organismo, saciando-nos a sede e alimentando-nos as células. Serve para a nossa higiene corporal e para o preparo dos nossos alimentos. A água bendita das chuvas irriga de modo natural a lavoura, que proporciona importante parte da nossa alimentação, e é com ela que se faz a irrigação das regiões áridas.

O valor da água tem sido ressaltado pelos Mentores Espirituais.

Emmanuel lembra-nos que "a água é dos corpos o mais simples e receptivo da Terra. É como que a base pura, em que a medicação do Céu pode ser impressa, através de recursos substanciais de assistência ao corpo e à alma, embora em processo invisível aos olhos mortais".

André Luiz, por sua vez, no livro *Nosso Lar*, dedica um capítulo inteiro a esse tema, do qual extraímos estas passagens:

"O homem é desatento, há muitos séculos - tornou Lísias -; o mar equilibra-lhe a moradia planetária, o elemento aquoso fornece-lhe o corpo físico, a chuva dá-lhe o pão, o rio organiza-lhe a cidade, a presença da água oferece-lhe a bênção do lar e do serviço; entretanto, ele sempre se julga o absoluto dominador do mundo, esquecendo que é filho do Altíssimo, antes de qualquer consideração. Virá tempo, contudo, em que copiará nossos serviços, encarecendo a importância dessa dádiva do Senhor. Compreenderá, então, que a água, como fluido criador, absorve, em cada lar, as características mentais de seus moradores. A água, no mundo, meu amigo, não somente carreia os resíduos dos corpos, mas também as expressões de nossa vida mental. Será nociva nas mãos perversas, útil nas mãos generosas e, quando em movimento, sua corrente não só espalhará bênção de vida, mas constituirá igualmente um veículo da Providência Divina, absorvendo amarguras, ódios e ansiedades dos homens, lavando-lhes a casa material e purificando-lhes a atmosfera íntima".

A propósito do reconhecimento da importância da água na Colônia Nosso Lar, ele já havia observado que "a água é veículo dos mais poderosos para os fluidos de qualquer natureza. Aqui, ela é empregada sobretudo como alimento e remédio".[24]

27 - A Medicina Espírita, e até a simples prática espírita, utilizam de modo regular e constante, a água fluidificada.

Sabemos que a água, por si, já é um fluido submetido a condensação. Resulta de duas partes de Hidrogênio e uma de Oxigênio ($H_2O$), ou seja, deflui da combinação de dois gases. Mesmo assim, ela pode ser *fluidificada*, isto é, pode receber fluidos, inclusive medicamentosos, por meio de magnetização operada por um médium, ou por Benfeitores Espirituais. Até mesmo uma pessoa qualquer, que tenha recorrido à prece, pode obter essa fluidificação.

Diz-nos Emmanuel que "a criatura que ora ou medita exterioriza poderes, emanações e fluidos que, por enquanto, escapam à análise da inteligência vulgar e a linfa potável recebe a influenciação, de modo claro, condensando linhas de força magnética e princípios elétricos que aliviam e sustentam, ajudam e curam.... Se desejas, portanto, o concurso dos Amigos Espirituais, na solução de tuas necessidades fisiológicas ou dos problemas de saúde e equilíbrio dos companheiros, coloca o teu recipiente de água cristalina à frente de tuas orações, espera e confia. O orvalho do Plano Divino magnetizará o líquido, com mãos de amor, em forma de bênção, e estarás, então, consagrando o sublime ensinamento do copo de água pura, abençoado nos céus".[25]

---

24 *Idem*, em *Nosso Lar*, psicog. de Francisco Cândido Xavier; FEB, 23ª ed., pp. 61 e 62.

25 Trechos da mensagem recebida pelo médium Francisco Cândido Xavier, em sessão pública, na noite de 05.04.50, em Pedro Leopoldo; *apud* Weneffedo de Toledo, *Passes e Curas Espirituais*, Editora Pensamento, 7ª ed., p. 141.

28 - Obtém-se a fluidificação da água, colocando-se o vasilhame que a contém (jarra de vidro, copo, litro, garrafa ou outro recipiente previamente higienizado), destampado, à frente da pessoa, que, concentrada e em prece, roga aos Mentores Espirituais que a fluidifiquem.

Se a água fluída se destinar a um doente, poder-se-á pedir aos Bons Espíritos que nela coloquem as substâncias medicamentosas adequadas ao mal que se quer aliviar e curar. Muitas pessoas costumam colocar o vasilhame com água em cima da mesinha de cabeceira, ou de outra mesa qualquer, rogando sua fluidificação ao Dr. Bezerra de Menezes. O pedido pode ser feito a qualquer Espírito ou Santo da devoção da pessoa.

Se é um médium que realiza a operação, ele segura o recipiente com a mão esquerda, os dedos ligeiramente separados, e, com a outra mão asperge fluidos magnéticos na água, em movimentos repetidos; e em seguida, dá passes laterais ao longo do vasilhame.

Se a pessoa vai ser submetida a uma intervenção espiritual programada por um Grupo Espírita, geralmente lhe é recomendado que ponha um copo ou uma jarra d'água na mesinha de cabeceira, alguns minutos antes da hora marcada e que o paciente faça uma prece, rogando a fluidificação da água. Quando terminar a intervenção, a água estará fluidificada pelos Amigos Espirituais.

Quando já se tem uma pequena quantidade de água fluidificada (um cálice ou um copo, por exemplo) e se derrama a mesma num vasilhame maior com água (uma jarra, uma talha, etc.), toda a água ficará fluidificada.

29 - Pode-se também fluidificar a água do banho, enchendo-se a banheira e nela imergindo os dedos, com as mãos espalmadas, movimentando estas, sempre imersas, de um lado para outro, por diversas vezes, após concentrar-se e fazer uma prece com a rogativa adequada.

A água fluidificada, usada no banho dá grande alívio ao doente, ou à pessoa fatigada ou estressada.

Do mesmo modo, podem-se fluidificar os alimentos, as roupas ou objetos de uso pessoal, magnetizando-os por meio de pequenos passes, precedidos dos requisitos da concentração e da prece.

## Terapêutica ectoplásmica

30 - Assim se denomina o tratamento dos enfermos que é feito em sessões de cura e cuja base é a ectoplasmia.

Essas sessões são mediúnicas de efeitos físicos, em que os pacientes ficam sentados ou deitados, enquanto o médium-curador permanece deitado numa cabine, ou num pequeno recinto separado, ainda que por uma simples cortina, ou por uma divisória de outra espécie, dos demais circunstantes. Enquanto os médiuns-colaboradores fazem preces e entoam cânticos, os Espíritos, às vezes semimaterializados, realizam as curas por meios invisíveis.

É preciso que se tenha muito cuidado, porque nesse tipo de Medicina Espírita, infelizmente, costumam ocorrer muitas fraudes e mistificações, por mera vaidade de médiuns e dirigentes. Lamentamos ter de fazer esse alerta, que julgamos do nosso dever. Como diz o ditado: nem tudo o que reluz é ouro.

## Intervenções espirituais

31 - No capítulo da Medicina Espírita propriamente dita, isto é, da mediunidade curadora, temos de distinguir as *intervenções espirituais*, a *cirurgia-mediúnica* e a *cirurgia simpatética* ou *simpática.*

Trataremos primeiro das intervenções espirituais, que se constituem de terapêutica cirúrgica, realizada por Médicos do Plano Espiritual diretamente no perispírito do paciente. Nenhum trabalho cirúrgico, ou qualquer outro, é realizado diretamente no corpo físico.

Essas intervenções são previamente programadas, em sessões mediúnicas nas quais os dirigentes encarnados do Grupo

Espírita se entendem com os Mentores Espirituais para estabelecer o atendimento dos enfermos necessitados desse tipo de terapêutica.

Não há uma forma única para isso. Em alguns Grupos Espíritas, os interessados submetem seus nomes e demais dados pessoais à consulta espiritual, levada aos Médicos do Espaço, em sessões de receituário mediúnico. Geralmente, na receita vem indicado quando há necessidade de ser feita intervenção espiritual.

Caso o interessado queira submeter-se a esse tratamento, seu nome e endereço são postos na lista das pessoas que irão ser operadas espiritualmente no dia e no horário predeterminados. Em alguns Centros Espíritas, os pacientes que não estejam com interferência espiritual (algum tipo de obsessão) podem ser operados em recinto neles existente, provido de camas para esse fim.

Os que estiverem com interferência espiritual, ou preferirem ser operados na própria residência, devem recolher-se ao leito no dia e na hora determinados. São concitados a fazer uma prece, podendo dirigir rogativas aos Espíritos de sua preferência, além de fazê-lo ao médico espiritual designado. É-lhes recomendado pôr um copo, ou uma jarra d'água filtrada, ou ambos, na mesinha de cabeceira para ser fluidificada e tomada posteriormente, em diversas doses, nos dias subseqüentes à operação.

Recomenda-se ao paciente que, no dia da intervenção, se abs-tenha de bebidas alcoólicas e gasosas, de fumo, de carne de qualquer espécie, de gorduras e de frituras. Isto para não sobrecarregar o aparelho digestivo e evitar a formação de toxinas, que prejudicariam tanto o organismo material, quanto o corpo espiritual. Recordemos que os alimentos digeridos passam para o sistema sangüíneo, no corpo físico, e que a circulação do sangue corresponde à circulação de fluidos no perispírito.

No horário aprazado, o cirurgião espiritual e sua equipe realizam a intervenção cirúrgica no psicossoma do paciente, removendo os tecidos perispiríticos lesados ou contaminados, ou os corpos estranhos, ou toxinas, neles encontrados

Devido à interação do perispírito com o corpo material, neste refletem-se os resultados da cirurgia realizada naquele, operando-se, assim, a cura ou a melhora do estado do doente, conforme as possibilidades cármicas já estudadas.

32 - As intervenções espirituais também podem ocorrer espontaneamente. Isso acontece durante o sono, quando o doente, ou alguém que interfere por ele, tem merecimento, ou ainda, por ação de um protetor ou familiar desencarnado.

Essas intervenções podem acontecer também, paralelamente à ação cirúrgico-terapêutica, quando o médico operador terreno tenha boa assistência médico-espiritual, isto é, um protetor médico ou uma equipe médico-espiritual que trabalha junto a ele, no Plano Extrafísico.

Conheci o caso de uma menina, pertencente a família espírita, que foi submetida a uma cirurgia para extração das amígdalas por um médico-cirurgião de notória competência, que ficou admiradíssimo da cicatrização extremamente rápida, que se verificou no pós-operatório. "Em toda minha longa vida de cirurgião, nunca vi um caso desses!", exclamou, em comentário com os familiares da operada. A avó desta, que é médium, posteriormente, explicou aos familiares que, durante a cirurgia, vira na tela mental o cirurgião operando o organismo da neta, ao mesmo tempo em que um médico do espaço realizava a mesma cirurgia no perispírito da paciente.

### Cirurgias simpatéticas ou simpáticas

33- A cirurgia simpatética ou simpática, mais rara, é realizada tão somente por médium curador. Este faz uma prece, concentra-se e impõe as mãos sobre o doente, porém sem tocá-lo.

O paciente sente, então, que está sendo mexido por dentro do seu organismo material. Às vezes, percebe que determinado órgão está sendo extirpado, cortado, ou curetado, ou suturado, enfim, que algo está sendo feito como se estivesse sendo operado por um médico da Terra. Pode acontecer que sinta náuseas e vontade de vomitar, mas quem vomita efetivamente é o médium.

O doente se sente exatamente como num pós-operatório material, ficando fraco e sentindo dores, que vão melhorando aos poucos, até que se dê sua plena recuperação.

Conta Herculano Pires que José Arigó, em alguns casos especiais, fazia esse tipo de cirurgia, assim como a médium Bernarda Torrúbio, esposa de José Torrúbio, sitiante de Graça, na Alta Paulista.

## Cirurgia-mediúnica

34 - A cirurgia-mediúnica é realizada pelo médium curador mediante a utilização de instrumental cirúrgico e ele age como os cirurgiões da Terra, operando materialmente o corpo físico, sem anestesia e, geralmente, sem assepsia.

É óbvio que não é o médium que realiza a cirurgia, mas o Espírito que ele incorpora. Não há, assim, motivo para ele se envaidecer, porquanto é apenas o instrumento utilizado pelos cirurgiões do espaço.

Apesar da não-utilização de anestesia, o paciente não sente dores. A falta de assepsia também não causa infecções.

Os instrumentos, geralmente, não são os técnico-cirúrgicos tradicionais, como o bisturi e as pinças. Os médiuns-cirurgiões utilizam simplesmente canivetes, facas e tesouras comuns, como o fazia Zé Arigó, homem rústico e sem instrução, simples roceiro de Congonhas do Campo, Minas Geris. Ele incorporava Dr. Fritz, que se dizia médico alemão, morto na primeira guerra mundial. Esse Espírito costuma manifestar-se de modo bastante ríspido, mas, no fundo, é uma entidade boa e generosa. Arigó assimilou-lhe os modos, tornando-se ainda mais rude do que já era.

Esse notável médium-curador foi pesquisado por inúmeros médicos e cientistas de várias Universidades norte-americanas, que examinaram minuciosamente o trabalho do médium e atestaram a autenticidade das curas prodigiosas por ele obtidas, inclusive de casos de câncer e outras moléstias incuráveis, bem como o acerto dos seus diagnósticos. Comprovaram que Arigó realizava as intervenções sem assepsia e sem anestesia. O médium ia ser investigado também por uma equipe de cientistas suíços e outra, de cientistas japoneses, que vinham a seu encontro, quando morreu num trágico desastre de automóvel.

35 - Alguns anos após a morte de Zé Arigó, surgiu outro médium curador, que passou a incorporar o Espírito Dr. Fritz e a realizar também cirurgias mediúnicas, no seu estilo costumeiro.

Foi o médium e médico Dr. Edson Queiroz, pernambucano, detentor de título acadêmico oficial. Pelo fato de ser médico, respondeu a processos perante os Conselhos de Medicina de ambos os graus, movidos por colegas que se sentiam prejudicados pela concorrência que lhes fazia, por não cobrar honorários profissionais, acusando-o de curandeirismo e charlatanismo. Coincidentemente, Dr. Edson Queiroz teve também morte trágica, assassinado a facadas por um ex-empregado seu.

36 - A mediunidade curadora é das mais perigosas para o médium, no dizer de Herculano Pires, não porque os exponha a riscos de saúde, que praticamente não existem numa mediunidade bem controlada, mas porque os expõe à fascinação das vantagens materiais. Todo médium curador, acrescenta, é inevitavelmente assediado por pessoas que querem agradá-lo, que o elogiam, dizem-se seus amigos, dão-lhe presentes e assim por diante. Pouco a pouco, o médium se deixa envolver, convence-se da sua importância, torna-se vaidoso e ambicioso. Com isso desliga-se dos amigos e companheiros desinteressados para cair nas malhas dos interesseiros e tornar-se, por sua vez, um deles. Os laboratórios lhe oferecem comissões no receituário dos seus produtos. Todas as facilidades se vão abrindo para ele e, se não tiver em conta os princípios da moral mediúnica, em breve se transforma num explorador do próximo a que deve auxiliar com desinteresse. O meio

espírita, conclui, conhece muitos desse casos dolorosos, em que excelentes e humildes médiuns curadores acabaram traindo-se a si mesmos. E Arigó foi um desses médiuns que acabaram nas ciladas dos interesseiros, conforme afirmação de J. Herculano Pires, que com ele conviveu como pesquisador espírita e acompanhou sua tragetória mediúnica.[26]

26 V. Aut.cit., em *Mediunidade (Vida e Comunicação)*; S. Paulo, 1982, Edicel, Cap.XII, 4ª ed., p.109.

## Capítulo XIII

# DA OBSESSÃO

*Sumário: Conceito. - Causas da obsessão. - Sinais de obsessão. - As várias espécies de obsessão. - Obsessão simples. - Fascinação. - Subjugação. - Obsessores e obsidiados.*

### Conceito

1 - O termo *obsessão*, em si, significa, segundo os dicionaristas da língua portuguesa: impertinência, perseguição, vexação; preocupação com determinada idéia que domina, doentiamente, o espírito e resultante ou não de sentimentos recalcados; idéia fixa, mania.[1] F. Adolpho Coelho, porém, nos oferece uma definição mais ampla e abrangente: "ação ou efeito de importunar excessivamente, ação de vexar alguém. (Teol.) Perseguição ou vexação atribuída ao diabo. Possessão demoníaca. (Lat. *obsessione.*)"[2] Esta definição se aproxima do conceito espírita, como veremos mais adiante, havendo nela apenas o equívoco de falar em *possessão demoníaca*, quando o certo seria dizer *subjugação por um Espírito*, porque o demônio da Teologia católica nada mais é do que um Espírito perverso, que se compraz em causar males ao homem.

2 - Na Psiquiatria, a obsessão entra no capítulo das neuroses, de cujas diversas modalidades, a que mais se aproxima do nosso tema é a *obsessão de idéias.*

Caracteriza-se principalmente pelo fato de o doente sentir-lhe a natureza *parasitária*, isto é, que ela discorda tanto de suas convicções quanto de seus sentimentos.

---

1 *Novo Dicionário Aurélio da Língua Portuguesa.*
2 *Diccionário Manual Etymológico da Língua Portuguesa.*

Por exemplo, o indivíduo tem a idéia fixa de que cometeu determinado crime, mas, contraditoriamente, sabe que isso não é verdade; ou tem a idéia fixa de que deseja matar alguém, sabendo, entretanto, que não tem esse desejo; ou imagina fixamente que teve um dedo da mão amputado, mas está vendo o dedo íntegro no seu lugar e tem consciência de que a amputação não aconteceu . Noutras palavras, o obsidiado tem consciência do absurdo da idéia, mas não consegue livrar-se dela.

3 - No conceito espírita, *obsessão* é o domínio, em maior ou menor grau, desde a mera *influenciação* até à *subjugação* profunda, que um Espírito, desencarnado ou encarnado, exerce sobre outro, encarnado ou desencarnado, jugulando-lhe a mente por pensamentos estranhos a ela mesma, e infligindo-lhe sofrimentos de intensidade variada, que vão do simples importúnio até à loucura.

Já vimos que todos somos médiuns. Os que não possuem *medianimidade* são detentores de *mediunidade generalizada*.[3]

Os Espíritos influem em nossos pensamentos e em nossos atos muito mais do que imaginamos. Influem a tal ponto que, de ordinário, são eles que nos dirigem.[4]

Essa influência que os Espíritos exercem sobre os homens pode transformar-se em domínio, e quando isso acontece, passa a chamar-se *obsessão*.

4 - Alan Kardec conceituou a obsessão em mais de uma ocasião e em vários livros da Codificação Espírita.

Em *O Evangelho Segundo O Espiritismo*, definiu: "A obsessão é a ação persistente que um Espírito mau exerce sobre um indivíduo. Apresenta caracteres muito diversos, desde a simples influência moral, sem perceptíveis sinais exteriores, até a perturbação completa do organismo e das faculdades mentais. Oblitera todas as faculdades mediúnicas; traduz-se, na mediunidade escrevente, pela obstinação de um Espírito em se manifestar com exclusão de todos os outros".[5]

---

3 V. este tomo, cap. III, *Da Mediunidade*.
4 LE, 459.
5 Cap. XXVIII, item 81, *Prefácio*.

Esse conceito é repetido, com as mesmas palavras, em *A Gênese*, capítulo XIV, item 45. Tanto num quanto noutro livro, Kardec analisa os vários graus da obsessão, assim como suas causas. Mas é n'*O Livro dos Médiuns* que ele faz um estudo mais amplo e sistemático da matéria, no capítulo XXIII, todo dedicado a esse tema, sob o título *Da Obsessão*.

Outros autores espirituais têm tratado da matéria, como André Luiz e Manoel Philomeno de Miranda, principalmente.

Não são somente os médiuns que podem ser vítimas da obsessão. Qualquer pessoa está sujeita a sofrê-la, desde que haja uma causa para isso.

## Causas da obsessão

5 - A obsessão pode ser o resultado de uma imperfeição moral, mesmo latente, que possibilita o acesso de um Espírito mau ao nosso psiquismo.

Quase sempre constitui a expressão da vingança de um Espírito, decorrente de algum problema havido no relacionamento com o obsidiado numa existência anterior.

Os exemplos são enumerados, em grande quantidade, nos relatos de autores espirituais, tanto em romances mediúnicos baseados em fatos verdadeiros, quanto em livros que se limitam a historiar os muitos casos ocorridos nos vários recantos do nosso planeta.[6]

Outras causas são a maldade, a inveja e o ódio que Espíritos ressentidos nutrem por certas pessoas, pelas quais, no seu entendi-

---

6 V., por exemplo, os autores espirituais Manoel Philomeno de Miranda: *Nos Bastidores da Obsessão* (FEB); *Grilhões Partidos* (Livraria Espírita Alvorada - LEAL); *Painéis da Obsessão* (LEAL); *Nas Fronteiras da Loucura* (LEAL); e *Loucura e Obsessão* (FEB); todos psicografados por Divaldo Pereira Franco; André Luiz: *Desobsessão*; *Nos Domínios da Mediunidade e Mecanismos da Mediunidade*, psicografia de Francisco Cândido Xavier e Waldo Vieira (FEB); Dr. Bezerra de Menezes (Espírito): *Dramas da Obsessão* (FEB), psicografia de Yvone A. Pereira; v. também, de autores encarnados, Dr. Bezerra de Menezes: *A Loucura sob Novo Prisma* (FEB), e de Suely Caldas Schubert: *Obsessão/Desobsessão* (FEB).

mento, teriam sido prejudicados, direta ou indiretamente, em vidas pretéritas. Mas nem sempre a causa está no pretérito, como veremos mais adiante.

6 - Nas sessões espíritas socorristas, os obsessores, concitados a porem fim às suas perseguições, narram, muitas vezes em prantos, a causa de seu ódio profundo e da vingança a que se entregam.

Um marido traído pela esposa que, juntamente com o amante, tramou seu assassinato, para remover o impecilho ao seu relacionamento adúltero e para se apoderar da fortuna dele; um pai que foi morto pelo filho, sem deixar vestígios de sua ação nefanda, pressuroso em herdar-lhe os bens; um antigo escravo, tantas vezes flagelado no tronco, com os pés acorrentados, sangrando e as costas transformadas em massa informe pelo látego cruel; um prisioneiro submetido às mais atrozes torturas, em masmorras infectas, que, antes de ser executado, teve de presenciar, impotente, as maiores atrocidades praticadas contra seus familiares; e assim por diante.

Esses indivíduos, na maioria das vezes, transpõem os umbrais da morte transbordantes de ódio e, enlouquecidos, voltam ao cenário das suas torturas, sequiosos de vingança, acobertados pelo véu da invisibilidade, para transformar em vítimas os algozes do pretérito.

7 - Allan Kardec nos fala sobre isso:

> "As causas da obsessão variam, de acordo com o caráter do Espírito. É, às vezes, uma vingança que este toma de um indivíduo de quem guarda queixas do tempo de outra existência. Muitas vezes, também, não há mais do que o desejo de fazer mal: o Espírito, como sofre, entende de fazer que os outros sofram; encontra uma espécie de gozo em os atormentar, em os vexar, a impaciência que por isso a vítima demonstra mais o exacerba, porque esse é o objetivo que colima, ao passo que a paciência o leva a cansar-se. Com o irritar-se e mostrar-se despeitado, o perseguido faz exatamente o que quer o seu perseguidor. Esses Espíritos agem, não raro por ódio e inveja do bem; daí o lançarem suas vistas malfazejas sobre as pessoas mais honestas. Um deles se apegou como "tinha" a uma honrada família do nosso conhecimento, à qual, aliás, não teve a satisfação de

enganar. Interrogado acerca do motivo porque se agarrara a pessoas distintas, em vez de o fazer a homens maus como ele, respondeu: estes não me causam inveja. Outros são guiados por um sentimento de covardia, que os induz a se aproveitarem da fraqueza moral de certos indivíduos, que eles sabem incapazes de lhes resistirem. Um destes últimos, que subjugava um rapaz de inteligência muito apoucada, interrogado sobre os motivos dessa escolha, respondeu: *Tenho grandíssima necessidade de atormentar alguém; uma pessoa criteriosa me repeliria; ligo-me a um idiota, que nenhuma força me opõe*".

Em seguida, Kardec observa que nem todo obsessor age por perversidade ou espírito de vingança:

"Há Espíritos obsessores sem maldade, que alguma coisa mesmo denotam de bom, mas dominados pelo orgulho do falso saber. Têm suas idéias, seus sistemas sobre as ciências, a economia social, a moral, a religião, a filosofia, e querem fazer que suas opiniões prevaleçam. Para esse efeito, procuram médiuns bastante crédulos para os aceitar de olhos fechados e que eles fascinam, a fim de os impedir de discernirem o verdadeiro do falso. São os mais perigosos, porque os sofismas nada lhes custam e podem tornar cridas as mais ridículas utopias. Como conhecem o prestígio dos grandes nomes, não escrupulizam em se adornarem com um daqueles dos quais todos se inclinam, e não recuam sequer ante o sacrilégio de se dizerem Jesus, a Virgem Maria, ou um santo venerado...."[7]

8 - De qualquer forma, porém, a obsessão, qualquer que seja a sua causa, deve ser combatida. Deve-se procurar os meios adequados para neutralizá-la, de acordo com a sua natureza e a sua causa.

É preciso também que se verifique se o caso é efetivamente de obsessão. Kardec nos adverte, por exemplo, de que, em alguns casos, a obsessão é apenas aparente. Acontece muito freqüentemente que um médium só se possa comunicar com um único Espírito, que a ele se liga e responde pelos que são chamados por seu intermédio. Nem sempre há nisso uma obsessão, porquanto o fato pode derivar da falta de maleabilidade do médium, de uma

---

7 LM, cap. XXIII, itens 245 e 246.

afinidade especial sua com tal ou qual Espírito. Somente há obsessão propriamente dita, quando o Espírito se impõe e afasta intencionalmente os outros, o que jamais é obra de um Espírito bom.

## Sinais de obsessão

9 - Nem sempre é fácil reconhecer-se se determinado caso é de obsessão. Os obsessores esmeram-se em disfarçar sua atuação e se escondem até por trás da máscara de males físicos ou psíquicos. Quantas pessoas tidas como doentes mentais são meros obsidiados!

A experiência e o conhecimento do assunto são imprescindíveis para se analisar cada caso e chegar a um diagnóstico preciso.

De modo geral, são indícios de obsessão as seguintes características:

1ª) *Mudança de comportamento*: os hábitos da pessoa se modificam, lenta ou rapidamente. De introvertida que era, por exemplo, torna-se muito falante, externando os sentimentos algo modificados e, não raro, apresenta-se escandalosa, passando, muitas vezes, a ter um comportamento enquadrável nos pródomos da histeria. Contrariamente, a pessoa, anteriormente expansiva, entra em depressão ou apresenta um quadro idêntico ao do autismo. Passa a não se interessar pelas suas atividades habituais, recolhe-se aos cantos da casa, recusa-se a ter vida social e até a sair de casa, ou conversar com os familiares;

2ª) *Modificação dos hábitos de higiene*: o indivíduo fica desleixado, não faz mais a higiene habitual, descuida-se da saúde, chegando até a apresentar-se sujo e com as vestes maltratadas, quando não rasgadas;

3ª) *Deambulação*: muitas vezes, a pessoa torna-se verdadeira andarilha, percorrendo, sem qualquer propósito, grandes distâncias, não apresentando qualquer sinal de cansaço. Costuma desaparecer de casa, deixando os familiares preocupados, os quais passam a procurá-la penosamente, indo encontrá-la, muitas vezes, em lugares jamais imaginados;

4ª) *Apresentação de quadro psiquiátrico*: a pessoa passa a ter atitudes estranhas, comportamento inteiramente anormal, convulsões, pesadelos, fobias, e, quando levada ao psiquiatra, este geralmente diagnostica epilepsia, histeria de conversão, ou psicoses como a esquizofrenia;

5ª) *Distúrbios da mediunidade*: Tratando-se de médium, este passa a apresentar alguma das seguintes características: a) comunicações exclusivas de um único Espírito, que o domina e impede que outros Espíritos por ele se comuniquem; b) afastamento das pessoas que o advertem da obsessão de que está sendo vítima e que emitem opiniões racionais a respeito da sua pessoa ou da sua atividade mediúnica; c) incapacidade de reconhecer a falsidade e o ridículo das comunicações que recebe; d) crença na infalibilidade e na identidade absoluta dos Espíritos que se comunicam e que, sob nomes respeitáveis e venerados, dizem coisas falsas e absurdas; e) inaceitação da crítica relativa às comunicações que recebe, tomando-a a mal; f) necessidade incessante e inoportuna de escrever; g) constrangimento físico qualquer, dominando-lhe a vontade e forçando-o a agir ou falar a seu mau grado; h) rumores e desordens persistentes ao redor do médium, sendo ele de tudo a causa, ou o objeto.[8]

10 - O médium que se insula fica mais sujeito às obsessões do que aqueles que exercem suas atividades em Grupos Espíritas, principalmente os bem orientados.

Submeter as comunicações recebidas ao exame dos dirigentes e dos próprios companheiros ajuda o médium a precatar-se contra a obsessão. Os demais podem ver aquilo que ele não consegue divisar, porque está fascinado. Aquele que não aceita críticas e com elas se suscetibiliza é porque está obsidiado. Por outro lado, o médium precisa conhecer todos os gêneros de comunicações para poder melhor avaliar aquelas que recebe.

---

8 As características enumeradas de *a* a *h* são apontadas por Kardec (LM, cap. XIII, item 243). As precedidas de ordinais são nossas.

11 - Indicamos neste tópico os sinais mais comuns da obsessão, mas não os esgotamos, nem pretenderíamos fazê-lo.

Cumpre a cada um examinar as circunstâncias, as alterações da personalidade e verificar se estão mantidos os padrões de normalidade da pessoa.

Quando surgirem modificações inexplicadas, deve-se fazer uma análise criteriosa do caso, perquirindo se não estará ocorrendo influenciação espiritual e de que grau.

Até certas doenças renitentes e sem explicação médica podem constituir um indício da ação de obsessores.

## As várias espécies de obsessão

12 - Vimos que a influenciação negativa dos Espíritos sobre as pessoas não é uniforme, mas apresenta diversos tipos e graus de constrangimento e da natureza dos efeitos que produz.

A esse respeito, escreveu Allan Kardec:

> "A palavra *obsessão* é, de certo modo, um termo genérico, pelo qual se designa esta espécie de fenômeno, cujas principais variedades são: a *obsessão simples*, a *fascinação* e a *subjugação*".

Passaremos a estudar essas modalidades obsessivas.

## Obsessão simples

13 - Kardec, em *O Livro dos Médiuns,* estudou a obsessão, como é compreensível, mais em função da *medianimidade* do que da *mediunidade generalizada*. Caracterizou-a, portanto, em relação ao médium, não se detendo em relação ao homem comum.

Daí ter dito que se dá a *obsessão simples*, quando um Espírito malfazejo se impõe a um médium, se imiscui, a seu mau grado, nas comunicações que ele recebe, o impede de se comunicar com outros Espíritos e se apresenta em lugar dos que são evocados. Mas o médium sabe muito bem que se acha presa de um Espírito mentiroso e este não se disfarça; de nenhuma forma dissimula suas más intenções e o seu propósito de contrariar. Este gênero de obsessão é, portanto, apenas desagradável e não tem outro inconveniente, além do de opor obstáculo às comunicações que se desejara receber de Espíritos sérios, ou dos afeiçoados.

Para o Codificador, podem-se incluir nesta categoria os casos daquilo que ele chama de *obsessão física*, isto é, a que consiste nas manifestações ruidosas e obstinadas de alguns Espíritos, que fazem se ouçam espontaneamente, pancadas ou outros ruídos.[9]

A respeito da *obsessão física*, sem mencionar o termo, discorremos no tomo II deste volume, capítulo III, sob o título *Manifestações físicas espontâneas.*

14 - As pessoas que não possuem mediunidade dinâmica, isto é, a mediunidade como é concebida normalmente, podem ser objeto de obsessão simples?

Não temos dúvida em responder afirmativamente. Já vimos que os Espíritos influem em nossos pensamentos, sendo essa influenciação de maior ou menor grau, podendo chegar ao ponto de eles nos dirigirem, como está n'*O Livro dos Espíritos,* 459.

Somos todos Espíritos em evolução e carregamos conosco os efeitos das vidas passadas. Por isso, temos boas e más tendências. Se já conseguimos superar certas imperfeições, muitas são ainda as que trazemos conosco. Essas imperfeições dão azo a estabelecermos sintonia com os Espíritos inferiores e malévolos. Se falhamos na vigilância e deixamos de recorrer à prece constante, permitindo-nos pensamentos negativos, viciosos, abrimos a brecha à espreita da qual estão esses Espíritos. Eles invadem a nossa mente e nos influenciam sobremaneira, nela instalando o processo obsessivo, se não tivermos reação pronta. Mesmo que esta se faça um tanto tardiamente, sempre surte efeito, dependendo naturalmente da nossa força de vontade.

> "A obsessão simples - observa o Espírito Manoel Philomeno de Miranda, eminente estudioso do tema - é parasitose comum em quase todas

---

9 LM, cap.XXIII, item 238.

as criaturas, em se considerando o natural intercurso psíquico vigente em todas as partes do Universo.

Tendo-se em vista a infinita variedade das posições vibratórias em que se demoram os homens, estes sofrem, quanto influem em tais faixas, sintonizando, por processo normal, com os outros comensais aí situados....

Se interessados.... nas colocações da vulgaridade e do prazer, da impiedade ou da preguiça, do vício ou da desordem, recebem maior influxo de ondas mentais equivalentes, resvalando para os despenhadeiros da emoção aturdida, do desequilíbrio....

Surgem, como efeito natural, as síndromas da inquietação: as desconfianças, os estados de insegurança pessoal, as enfermidades de pequena monta, os insucessos em torno do obsidiado, que soma as angústias, dando campo a incertezas, a mais ampla perturbação interior.

Gera uma psicosfera perniciosa à própria volta pela eliminação dos fluidos deletérios de que é vítima e absorve-a mais condensada, por escusar-se ouvir sadias questões, participar de convívios amenos, ler páginas edificantes, auxiliar o próximo, renovar-se pela oração".[10]

15 - Aquele que sofre a obsessão simples tem as suas imperfeições exacerbadas e exploradas pelos Espíritos inferiores. Se possui algum vício, este é utilizado pelos obsessores para satisfazer a própria volúpia.

Se fumante, cada vez mais sente maior necessidade de fumar, transformando-se em *piteira viva* dos Espíritos que se colam ao seu organismo psicossomático, para aspirarem as emanações tabagísticas.

Se dado ao vício da bebida, são cada vez mais incitados ao alcoolismo pelos Espíritos que dele se utilizam como *caneco vivo* para satisfazerem o vício de que continuam escravos até após a morte.

Se aficionados das paixões carnais e usam o sexo desordenadamente, a sexolatria é-lhe intensificada por Espíritos que dele se servem para satisfazer as paixões que a morte não sepultou.

---

10 Aut. cit., psicog. de Divaldo P. Franco; Livraria Espírita Alvorada, pp. 11, 12 e 13.

Os autores espirituais descrevem os processos de que os Espíritos se utilizam para satisfazer as suas paixões. Eles estabelecem verdadeiras simbioses com os encarnados que lhes servem de instrumentos para que possam, no além-túmulo, reviver as sensações materiais.

Essa modalidade de obsessão, portanto, tem por causa apenas a exploração do encarnado pelo desencarnado que deseja continuar a satisfazer as paixões da matéria. Como não podem fazê-lo diretamente, por falta do corpo físico, buscam aqueles que lhes podem satisfazer os desejos viciosos.

16 - Não é difícil reconhecer a obsessão simples. Pensamentos que nos martelam a mente com insistência, impulsos persistentes para fazermos aquilo que condenamos, sentimentos contrários ao nosso modo de ser que teimam em nos angustiar, repetidos e inexplicáveis encontros com pessoas que povoam os nossos devaneios condenáveis, enfim, tudo aquilo que contribui, de modo inusitado, para nos facilitar situações que a consciência nos leva a temer e evitar, são sinais evidentes da sua presença.

## Fascinação

17 - A *fascinação*, que Kardec define com "uma ilusão produzida pela ação direta do Espírito sobre o pensamento do médium e que, de certa maneira, lhe paralisa o raciocínio, relativamente às comunicações", tem, como ele observa, conseqüências muito mais graves.

O médium fascinado perde o discernimento, para confiar cegamente no Espírito que o domina. Não aceita crítica de quem quer que seja. Ele está certo e todos os demais são os enganados. Não consegue perceber quão absurdas são as comunicações que recebe, aceitando-as sem discutir, tanto o conteúdo quanto a autoria espiritual. Se o Espírito diz ser Jesus, ele crê cegamente que está incorporando o Divino Mestre e, durante o transe, se comporta como se fora o próprio Jesus.

Esse tipo de obsessão, à qual poderia parecer só estarem sujeitas as pessoas ignorantes e desprovidas de bom-senso, pode, na realidade, afetar a qualquer um, inclusive homens inteligentes, de alto nível de instrução e que ocupam posições elevadas na vida: um médico, um magistrado, um professor, uma autoridade pública, etc.

O fascinado perde a noção de dignidade e de compostura, podendo ser levado a situações altamente enganosas, ridículas, ou a outras que podem comprometê-lo, ocasionando-lhe a perda do respeito dos seus concidadãos, ou a perda do cargo, do emprego e até o afastamento de familiares e entes queridos.

O fascinador é sempre um Espírito ardiloso, que se esconde por trás da máscara de falsas virtudes, apresentando-se sob nomes venerados e falando continuamente em grandes temas, com invocação freqüente do Amor e da Caridade. Sendo, porém, um hipócrita, como todo mentiroso, trai-se aqui e ali e, involuntariamente, deixa que os sinais de inferioridade se sobressaiam e se tornem perceptíveis aos circunstantes atentos. Somente o fascinado não consegue percebê-los, porque está hipnotizado pelo obsessor. Mesmo assim, para que sua vítima não tenha oportunidade de subtrair-se, ainda que momentaneamente, ao seu domínio, o obsessor faz tudo para dela afastar as pessoas esclarecidas, que possam alertá-la e lutar pela sua libertação.

18 - As causas que induzem à fascinação são múltiplas e variadas, inserindo-se, porém, no contexto dos fatores gerais já apontados para todos os tipos de interferência espiritual, sobressaindo-se, naturalmente, os elementos inerentes à contabilidade dos débitos e créditos da criatura em face da Justiça Divina.

## Subjugação

19 - É o tipo de obsessão mais grave e mais facilmente reconhecível.

Conhecida sob o nome de *possessão*, é atribuída ao domínio do demônio sobre uma pessoa. Considera-se que satanás entra no corpo de alguém, apossando-se completamente dele.

No Evangelho de Marcos, 8, 28-34, esse Evangelista narra o episódio do possesso de Gerasa, que foi libertado por Jesus.

Tratava-se de "um homem dominado pelo espírito imundo, e que tinha domicílio nos sepulcros, e ao qual ninguém jamais conseguira ligar nem mesmo com algemas, pois muitas vezes fora preso com grilhões e algemas, e arrebentara as algemas e fizera em pedaços os grilhões. Ninguém o podia domar. Sempre, dia e noite, vivia pelos sepulcros e montes, clamando e ferindo-se com pedras".

Ao ver Jesus, contudo, implorou-lhe que não o atormentasse, porquanto o Mestre lhe havia ordenado: "Espírito imundo, sai desse homem". E lhe perguntou: "Qual é o teu nome?" Respondeu-lhe o possesso: "O meu nome é Legião, porque somos muitos". E os espíritos imundos lhe suplicaram que não os mandasse para fora daquela região e que antes os mandasse para o meio de uma manada de porcos, que pastavam no monte que havia ali, para que "entrassem neles". Permitiu-lhes Jesus que assim fosse e eles saíram do homem e, "entraram nos porcos" e, "com grande ímpeto, a vara, que era de dois mil, precipitou-se no mar; e no mar se afogaram". E o povo, chegando junto de Jesus, viu aquele que estivera endemoniado, "agora sentado, vestido e em seu perfeito juízo".

20 - Essa passagem do Evangelho de Marcos nos dá uma visão perfeita de uma *subjugação,* que o Evangelista, como a Igreja, chama de *possessão*.

Antes de comentá-la, cumpre-nos alertar para a impropriedade de alguns trechos do texto evangélico, redigidos segundo o espírito da *Vulgata.*[11] Obviamente, o texto foi adaptado aos dogmas e entendimentos da Igreja Romana. São essas impro-

---

11 *Vulgata* é a denominação que tomou o conjunto dos textos evangélicos, traduzidos, revistos e organizados por S. Jerônimo, por determinação do Papa Damásio, em 384.

priedades todas as referências a "entrar o demônio" no corpo do obsesso, bem como "entrarem os espíritos imundos nos porcos".

É que o Espírito *não entra* no corpo do homem, nem nos de animais. A última hipótese guardaria analogia com a *metempsicose*[12], que a Doutrina Espírita não aceita e considera absurda, em face do princípio de que o Espírito jamais retrograda, não podendo deixar de habitar o homem para retornar ao reino animal.

21 - Allan Kardec define a *subjugação* como "uma constrição que paralisa a vontade daquele que a sofre e o faz agir ao seu mau grado. Numa palavra o paciente fica sob um verdadeiro *jugo*".[13]

O *subjugado* fica inteiramente dominado pelo obsessor e é constrangido a fazer tudo o que este quer. Opera-se uma verdadeira simbiose entre eles, ficando o comando mental exclusivamente com aquele. O paciente deixa de ter vontade própria e sofre radical transformação na sua personalidade. Parece ser outra pessoa.

Kardec classificou a subjugação em *moral* ou *corporal*. No primeiro caso, o subjugado é constrangido a tomar resoluções muitas vezes absurdas e comprometedoras que, por uma espécie de ilusão, ele julga sensatas.... No segundo caso, o Espírito atua sobre os órgãos materiais e provoca movimentos involuntários.... Vai, às vezes, mais longe a subjugação corporal, podendo levar aos atos mais ridículos.

Narra o Codificador que conhecia um homem, que não era jovem, nem belo e que, sob o império de uma obsessão dessa natureza, se via constrangido, por uma força irresistível, a pôr-se de joelhos diante de uma moça a cujo respeito nenhuma pretensão nutria e pedi-la em casamento. Outras vezes, sentia nas costas e nos jarretes uma pressão enérgica, que o forçava, não obstante a resistência que lhe opunha, a se ajoelhar e beijar o chão nos lugares públicos e em presença da multidão. Esse homem passava por louco entre as pessoas de suas relações...., o que não era, porquanto

---

12 A *metempsicose* foi estudada no 1º volume deste livro.

13 LM, cap. XXIII, item 240.

tinha consciência plena do ridículo do que fazia contra a sua vontade e com isso sofria horrivelmente.[14]

Acrescente-se que noutros casos, aliás, na sua maioria, o subjugado não tem consciência do processo obsessivo a que está submetido e assume integralmente a *personalidade intrusa,* como a denomina o Dr. Elieser Mendes.

22 - A *subjugação moral* se caracteriza, como dissemos, pela mudança da personalidade. Quantas vezes uma pessoa, antes digna, de moral elevada, ou mesmo pacata, de repente se transforma em alguém completamente despudorado, de má conduta, irreverente e até mesmo lascivo.

Outras vezes, um bom filho ou uma boa filha se volta estranhamente contra os pais e os demais familiares, agredindo-os com palavras ásperas e grosseiras e até fisicamente. Há casos extremos, em que o filho mata os próprios pais, como se tem visto no noticiário da imprensa, e depois diz que agiu sob um impulso estranho, ou sem a mínima consciência do que fazia.

Há outros criminosos desse gênero que, após bárbaro homicídio, mantêm uma frieza estarrecedora. Não pretendemos afirmar que, em todos esses casos, houve subjugação, mas podemos dizer que, na maioria deles, assim acontece.

Acontece também, por vezes, que o obsessor, atuando sobre centros cerebrais do paciente, torna-os artificialmente paralíticos. Ou levam-no à letargia, causando-lhe morte aparente. Noutros casos, conduz-no a apresentar estados patológicos graves, contra os quais nada pode a Medicina humana.

Ocorre também, com certa freqüência, que o subjugado passa a quebrar tudo dentro de casa e a agredir física e verbalmente, não só os familiares, mas também todos aqueles com quem tem contato.

23 - Na *subjugação corporal,* o Espírito atua sobre o organismo do paciente. Este passa a apresentar sintomas patológicos os mais diversos, caracterizando doenças renitentes, que não cedem ao tratamento médico comum.

---

14 *Idem, ibidem.*

Quando o subjugado é médium escrevente, sofre a constrição de não parar de psicografar, mau grado seu, fazendo-o até com o dedo sobre paredes ou outras superfícies. Se médium psicofônico, incorpora o obsessor, passando a viver-lhe a personalidade de modo permanente, ou a receber uma sucessão de Espíritos inferiores, sob o comando daquele que o subjuga.

24 - Num tipo de subjugação, que podemos classificar de *subjugação psíquica,* o subjugado configura um quadro psicopático, tipificando as mais diversas neuroses e psicoses, assim como quadros epileptoides.

Manoel Philomeno de Miranda, aliás, diz que a subjugação pode ser *física, psíquica* e simultaneamente *físio-psíquica*. E caracteriza essa tipologia, como passamos a transcrever:

> "A primeira não implica na perda da lucidez intelectual, porquanto a ação dá-se diretamente sobre os centros motores, obrigando o indivíduo, não obstante se negue à obediência, a ceder à violência que o oprime. Neste caso, podem irromper enfermidades orgânicas, por se criarem condições celulares próprias para a contaminação por vírus e bactérias, ou mesmo sob a vigorosa e contínua ação fluídica dilaceram-se os tecidos fisiológicos ou perturbam-se o anabolismo como o catabolismo, incidindo em distúrbio no metabolismo geral, com singulares prejuízos físicos...
>
> "No segundo caso, o paciente vai dominado mentalmente, tombando em estado de passividade, não raro sob tortura emocional, chegando a perder por completo a lucidez, o que não afeta o Espírito encarnado propriamente dito, que experimenta a injunção penosa pela qual purga a irresponsabilidade e os delitos passados. Perde temporária ou definitivamente durante a sua atual reencarnação a área da consciência, não se podendo livremente expressar.
>
> "Um contínuo aturdimento o toma. A visão, a audição como os demais sentidos confundem a realidade objetiva ao império das vibrações e faixas que regista desordenadamente na esfera física e na espiritual.
>
> "O Espírito encarnado movimenta-se num labirinto que o atemoriza, algemado a um adversário que lhe é impenitente, maltratando-o, aterrando-o com ameaças cruéis, em parasitose firme na desconsertada casa mental.

"Por fim, assenhoreia-se, simultaneamente, dos centros de comando motor e domina fisicamente a vítima, que lhe fica inerte, subjugada, cometendo atrocidades sem nome".

É um quadro doloroso, que muito confrange os familiares. Estes, às vezes, ficam esgotados, física e financeiramente, com os cuidados que precisam dispensar ao subjugado. São altas despesas médicas e com medicamentos, enfermagem ou internações. Do ponto de vista moral, o sofrimento também é acerbo. Isso tudo os leva a considerarem-se injustiçados.

É ainda Manoel Philomeno de Miranda que lhes mostra o equívoco e lhes aponta a responsabilidade solidária:

"Nos processos obsessivos, não deixamos de repeti-lo, estão incursos na Lei as pessoas que constituem o grupo familiar e o social do paciente, aí situado por necessidade evolutiva e de resgate para todos.

"Não se podem evadir à responsabilidade os que foram cúmplices ou co-autores dos delitos, quando os infratores mais comprometidos são alcançados pela irrefragável justiça. Reunidos ou religados pelo parentesco sangüíneo ou através de conjunturas de afetividade, formam os grupos onde são alcançados pelos recursos reeducativos, no tentame do progresso.

"A cruz da obsessão é peso que tomba sempre sobre os ombros das consciências comprometidas".[15]

25 - Vimos até aqui os diversos tipos de obsessão. Passaremos, agora, ao estudo dos seus sujeitos ativos e passivos.

## Obsessores e obsidiados

26 - A primeira impressão que se tem é a de que os obsessores são sempre e somente os desencarnados e os obsidiados, sempre os encarnados. Assim não é, porém.

---

15 Aut. cit., em *Nas Fronteiras da Loucura*, psicog. de Divaldo P. Franco, LEAL 1ª ed., pp. 16 e 17.

A obsessão se faz de mente a mente, de perispírito a perispírito, de Espírito a Espírito, não importa se este esteja encarnado ou não.

Por isso, os processos obsessivos podem ser: a) *de desencarnado para encarnado*; b) *de encarnado para desencarnado;* c) *de desencarnado para desencarnado:* d) *de encarnado para encarnado*.

Confirma-o Manoel Philomeno de Miranda, nestes termos:

> **"Lamentavelmente, esse grande flagelo espiritual que se abate sobre os homens e não apenas sobre eles, já que existem problemas obsessivos em várias expressões, como os de um encarnado sobre outro, de um desencarnado sobre outro, de um encarnado sobre um desencarnado e, genericamente, deste sobre aquele, não tem merecido dos cientistas nem dos religiosos do passado como do presente o cuidado, o estudo, o tratamento que merece".** [16]

27 - A obsessão de *desencarnados sobre encarnados* já foi por nós suficientemente estudada.

A de *encarnado sobre desencarnado*, talvez a mais surpreendente de todas, não é, porém, tão rara quanto se pensa. Ela está presente em grande número de processos obsessivos supostamente apenas de *desencarnado sobre encarnado*, configurando o que se chama *obsessão recíproca.*

Em muitos casos de interferência espiritual, o obsidiado, não só não se quer libertar da influenciação do obsessor, mas também o persegue tenazmente, transformando-o, por sua vez, em obsidiado.

André Luiz nos oferece significativo exemplo desse tipo de problema, no livro *Nos Domínios da Mediunidade*, no capítulo *Em serviço espiritual*.

Naquele capítulo, lemos que o cooperador espiritual Abelardo se dirigiu ao Assistente Áulus, rogando-lhe auxílio em favor

---

16 **Aut. cit., em *Sementes de Vida Eterna*, ditado por diversos Espíritos, piscog. de Divaldo P. Franco, LEAL, 1ª ed., cap. 30, pp. 118 e 119.**

de Libório e informando-lhe que o socorro do grupo mediúnico lhe tinha melhorado as disposições, mas que, após isso, fora a mulher que piorara, perseguindo-o...

A primeira impressão que se tem é a de que Libório é o encarnado e a mulher, o Espírito perseguidor. Não é assim, todavia. Libório é o Espírito obsidiado e Sara, encarnada, a obsessora.

Ambos, quando no Plano Físico, se haviam vinculado um ao outro por avassaladora paixão. Após Libório haver transposto os umbrais da morte, Sara, inconformada com a separação, continuou, fixa e mentalmente, ligada a ele. Reciprocamente, Libório, respondendo-lhe ao apelo, assentiu implicitamente na formação da corrente mental, estabelecendo-se entre eles uma verdadeira simbiose espiritual-obsessiva.

Áulus, em atendimento à rogativa de Abelardo, transportou-se com os demais companheiros para o hospital de emergência em que se encontrava Libório, numa das inúmeras regiões purgatoriais.

Alcançaram o leito simples em que Libório, de olhar esgazeado, permanecia indiferente a tudo e extremamente angustiado. Áulus auscultou-o, paternalmente, e, em seguida, informou:

"- O pensamento da irmã encarnada que o nosso irmão vampiriza está presente nele, atormentando-o. Acham-se ambos sintonizados na mesma onda. É um caso de perseguição recíproca".

Anote-se, no entanto, que o problema começou com a verdadeira hipnose de Sara sobre o Espírito de Libório, caracterizando um processo obsessivo de encarnado sobre desencarnado. Com a adesão de Libório ao processo, a obsessão passou a ser recíproca..

28 - A *obsessão de encarnado sobre outro* é também muito freqüente.

Estabelece-se por processo telepático, mediante o qual o pensamento de uma pessoa influencia fortemente o de outra.

Pode-se dizer que esse tipo de obsessão ocorre por hipnose, em que a mente do mais forte domina a do mais fraco. Não importa a distância em que se encontre um do outro. Formada a corrente mental, o hipnotizador envolve o *sujet* com suas emanações mentais de forma tal que este não lhe resiste ao império.

É ainda André Luiz que descreve um caso exemplificativo, num de seus livros, em capítulo sob o título *Dominação telepática*.

29 - Finalmente, temos a *obsessão de um desencarnado sobre outro*.

O processo é idêntico ao da última hipótese que examinamos, com a diferença que se faz de um Espírito sobre outro.

Na literatura espírita, especialmente nos livros de André Luiz, deparamos com inúmeros exemplos de Espíritos, geralmente, transbordantes de ódio e sequiosos de vingança, que jugulam outros, subjugando-os e imprimindo-lhes atrozes sofrimentos. Em alguns casos, chegam a dominá-los de tal maneira que se imantam ao corpo psicossomático do perseguido, formando estranha simbiose espiritual-obsessiva.

No livro *Nosso Lar*, o referido autor espiritual, se reporta ao caso do próprio pai, Laerte, de quem sua mãe lhe deu notícias, dizendo-lhe encontrar-se, há doze anos, numa zona de trevas compactas, no Umbral, subjugado pelos Espíritos de duas infelizes ex-amantes, que nem após a morte deixaram de dominá-lo (v. capítulos 16 e 46).

Vemos, assim, que as grandes paixões, bem como o ódio e a sede de vingança, são as maiores e mais constantes causas da obsessão.

Capítulo XIV

# DESOBSESSÃO

*Sumário: A terapêutica desobsessiva. - Obsessão e loucura. - Providências preliminares. - A dupla natureza do tratamento. - Um roteiro para os trabalhos de desobsessão. - A equipe socorrista. - A reunião. - Observações finais relativas ao pós-reunião.*

## A terapêutica desobsessiva

1 - *Desobsessão* é o tratamento que se ministra ao obsidiado, aplicando-se-lhe os meios adequados para combater a obsessão que o aflige.

Essa a concepção comum. Na realidade, porém, a terapêutica desobsessiva tem objetivo mais amplo, porquanto atinge, não só o obsidiado, mas também o obsessor.

A libertação do primeiro só se obtém com o tratamento do segundo, que se constitui em verdadeira psicoterapia.

Se se consegue reequilibrar a mente do obsessor, restabelecendo-lhe a harmonia íntima, fazendo-o compreender os mecanismos que geram o processo obsessivo, já se estará levando-o a retificar a atitude em relação ao obsidiado.

É importante, todavia, que o obsidiado colabore procurando modificar para melhor o seu quadro íntimo. A leitura assídua do *Evangelho Segundo o Espiritismo* e o estudo da Doutrina Espírita são dois fatores importantes, porque proporcionam ao paciente uma óptica diferente da vida, levando-o a compreender melhor as causas de suas aflições e a abrir o coração para o perdão dos inimigos. Compreenderá que somos os responsáveis pelas nossas próprias desditas e que precisamos retificar a nossa conduta, buscando corrigir as nossas falhas.

Pode acontecer também que o obsidiado não tenha condições de agir dessa forma, por estar inteiramente subjugado. Neste caso, são os familiares que precisam atuar em favor dele, não mais apenas para corroborar os seus esforços, mas para agir como os principais agentes do trabalho domiciliar desobsessivo. Devem fazer preces fervorosas e promover constantemente o Culto do Evangelho no Lar, o que concorrerá eficazmente para melhorar a psicosfera doméstica e afastar os Espíritos inferiores. A leitura e o culto do Evangelho servem também para sensibilizar o obsessor e, muitas vezes, para melhorar sua disposição, levando-o a perdoar aquele a quem persegue, modificando os seus sentimentos em relação a ele.

2 - A terapêutica desobsessiva requer discernimento e adequação, não prescindindo, em muitos casos, do apoio farmacológico psiquiátrico, como veremos, mais adiante.

Allan Kardec observa, com muita propriedade, que os meios de se combater a obsessão variam, de acordo com o caráter de que ela se reveste. Nada mais certo, porquanto não se pode dar o mesmo tratamento a um caso de obsessão simples ao que se dá à fascinação, ou à subjugação.

Quando o médium, por exemplo, tem consciência de que está sendo assediado por um Espírito mentiroso, como sucede na obsessão simples, duas coisas essenciais se tem que fazer, ensina Kardec: provar ao Espírito que não se está iludido por ele e que lhe é *impossível enganar*; depois, cansar-lhe a paciência, demonstrando paciência para com ele. Desde que se convença de que está a perder o tempo, retirar-se-á, como fazem os importunos a quem não se dá ouvidos.

Isto, porém, continua o Codificador, nem sempre basta e pode levar muito tempo, porquanto Espíritos há tenazes, para os quais meses e anos nada são. Além disso, deve o médium dirigir um apelo fervoroso ao seu anjo bom, assim como aos bons Espíritos que lhe são simpáticos, pedindo-lhes que o assistam. Quanto ao Espírito obsessor, por mau que seja, deve tratá-lo com severidade, mas com benevolência e vencê-lo pelos bons processos, orando por ele. Se for realmente perverso, a princípio zombará desses meios; porém, moralizado com perseverança, acabará por emendar-se. É uma conversão a empreender, tarefa muitas vezes penosa, ingrata, mesmo desagradável, mas cujo mérito está na dificuldade que ofereça e que, se bem desempenhada, dá sempre a satisfação de se ter cumprido um dever de caridade e, quase sempre, a de ter-se reconduzido ao bom caminho uma alma perdida.[1]

3 - Quando o caso for de *fascinação*, o tratamento já não será tão simples e fácil.

O fascinado acredita cegamente em tudo o que o Espírito lhe transmite. Venera-o e nele confia incondicionalmente.

Não adianta tentar convencê-lo de que está sendo ludibriado; de que o Espírito é falso, mentiroso e enganador, e que tem por objetivo levá-lo ao ridículo. O fascinado se volta contra todos que lhe querem abrir os olhos. Até mesmo quando o obsessor diz verdadeiros absurdos, ou quando comete uma heresia científica, para o fascinado é ele que está certo e a Ciência, em erro.

Por outro lado, o obsessor procura afastar da convivência da sua vítima todos aqueles que se empenham em trazê-lo de volta à realidade e à razão.

4 - No caso de *subjugação*, as dificuldades são ainda maiores, porque o obsidiado não tem forças para reagir e é inteiramente dominado pelo Espírito obsessor, quer moral quer corporalmente. Já vimos que, freqüentemente, o subjugado apresenta quadros patológicos graves, inclusive e principalmente, tipificando terríveis psicoses, que o segregam da família e da sociedade, relegando-o aos hospitais psiquiátricos, onde é tratado como se fosse um doente mental.

## Obsessão e loucura

5 - Kardec, aliás, perguntou aos Espíritos se a subjugação corporal, levada a certo grau, poderá ter como conseqüência a loucura, tendo recebido esta resposta:

"Pode, a uma espécie de loucura cuja causa o mundo desconhece, mas que não tem relação alguma com a loucura ordinária.

---

1 LM, cap. XXIII, item 249.

Entre os que são tidos por loucos, muitos há que apenas são subjugados; precisariam de um tratamento moral, enquanto que com os tratamentos corporais os tornam verdadeiros loucos. Quando os médicos conhecerem bem o Espiritismo, saberão fazer essa distinção e curarão mais doentes do que com as duchas".[2]

A confusão entre a obsessão e a loucura constitui realmente um grande perigo. Os familiares do suposto doente mental devem estar atentos, porque o tratamento psiquiátrico indiscriminado acaba transformando o subjugado em verdadeiro doente mental, como alertaram os Espíritos.

## Providências preliminares

6 - O que se tem a fazer é buscar, primeiramente, o diagnóstico espiritual, por meio de consulta mediúnica, em Centro Espírita de reconhecida seriedade.

Se o problema for de subjugação, é evidente que a principal terapêutica será de natureza espiritual. Mas se o paciente se apresentar agitado, insone, violento, e/ou agressivo, há necessidade de um suporte medicamentoso, a ser ministrado por um psiquiatra, de preferência que seja espírita, ou que, pelo menos, conheça e aceite o Espiritismo. Isto tem grande importância para que a escolha dos medicamentos se faça de modo adequado. Recorrer também a um bom médico homeopata é uma boa medida, porquanto a Homeopatia possui recursos terapêuticos notáveis para esse tipo de problema.

## A dupla natureza do tratamento

7 - O tratamento deve ser simultaneamente espiritual e médico. O último será dispensável se não houver ocorrência dos sintomas já apontados.

Procurar um bom Centro Espírita, de preferência um dos muitos que são voltados para os trabalhos de desobsessão. É

---

2 Ibidem, item 254, 6ª pergunta.

importante que o paciente vá também, para receber os primeiros socorros (passes e água fluidificada) e assistir a palestras educativas. Se não houver condições de levá-lo, deve-se historiar o caso às pessoas encarregadas desse tipo de trabalho, solicitando-lhe o auxílio. O nome do paciente é logo incluído nas consultas espirituais e, em seguida, na relação daqueles que necessitam de trabalhos desobsessivos.

Tendo em vista essas providências, escreve Emmanuel, em prefácio ao livro de André Luiz intitulado *Desobsessão*:

"Seja no caso de mera influenciação ou nas ocorrências da possessão profunda, a mente medianímica permanece jugulada por pensamentos estranhos a ela mesma, em processos de hipnose de que apenas gradativamente se livrará. Daí ressalta o imperativo de se vulgarizar a assistência sistemática aos desencarnados prisioneiros da insatisfação e da angústia, por intermédio das equipes de companheiros consagrados aos serviços dessa ordem que, aliás, demandam paciência e compreensão análogas às que caracterizam os enfermeiros dedicados ao socorro dos irmãos segregados nos meandros da psicose, portas a dentro dos estabelecimentos de cura mental".[3]

## Um roteiro para os trabalhos de desobsessão

8 - O próprio André Luiz, no pórtico do referido livro, ressalta:

"Nenhuma instituição de Espiritismo pode, a rigor, desinteressar-se desse trabalho imprescindível à higiene, harmonia, amparo ou restauração da mente humana, traçando esclarecimento justo, seja aos desencarnados sofredores, seja aos encarnados desprovidos de educação íntima que lhes sofram a atuação deprimente, conquanto, às vezes, involuntária.

"Cada templo espírita deve e precisa possuir a sua equipe de servidores da desobsessão, quando não seja destinada a socorrer as

---

3 Ob. cit., psicog. de Francisco Cândido Xavier e Waldo Vieira, FEB.

vítimas da desorientação espiritual que lhe rondam as portas, para defesa e conservação de si mesma".

9 - O livro de André Luiz citado é um verdadeiro e minucioso roteiro a ser seguido na realização dos trabalhos desobsessivos. Ele prevê o preparo dos integrantes da equipe socorrista para a reunião, desde o despertar, passando para a alimentação, o repouso físico e mental, a prece e a meditação, até a superação dos impedimentos.

Ressalta a importância do templo espírita, como lugar ideal para a realização das reuniões socorristas, esclarecendo que nele os instrutores desencarnados conseguem localizar recursos avançados do plano espiritual para o socorro a obsidiados e obsessores, razão por que, tanto quanto nos seja possível, é aí, entre as paredes respeitáveis da nossa escola de fé viva, que nos cabe situar o ministério da desobsessão.

Prevê a organização da equipe mediúnica, com o seu dirigente, os médiuns psicofônicos , os médiuns esclarecedores e os passistas; o recinto das reuniões, seu mobiliário, iluminação, livros para leitura preparatória.

Ensina também, como se deve desenrolar a reunião: prece de abertura, manifestação inicial do mentor, consultas que se lhe podem fazer; manifestações dos enfermos espirituais, como se devem fazer o esclarecimento, a cooperação mental, as radiações e os passes; a manifestação final do mentor, a prece e o encerramento.

Recomendamos a leitura atenta desse precioso manual de desobsessão, como um guia seguro para aqueles que se dedicam ao trabalho socorrista e também como um elucidário para os familiares do obsidiado.

## A equipe socorrista

10 - Os trabalhos de desobsessão são realizados de preferência nos Centros Espíritas. Somente em caráter excepcional, admite-se tenha lugar no domicílio do paciente, desde que preencha os requisitos desejáveis, principalmente uma equipe socorrista bem preparada e com boa experiência.

Os componentes da equipe nunca deverão exceder de quatorze, sendo, exemplificativamente, segundo o aconselhamento de André Luiz, 1 dirigente, 2 a 4 médiuns esclarecedores; 2 a 4 médiuns passistas e 4 a 6 médiuns psicofônicos.

Expliquemos a função de cada um.

O dirigente obviamente é aquele que dirige os trabalhos no plano material, mas que constitui o apoio fundamental da Espiritualidade Superior, incumbida das tarefas no plano invisível.

Por isso, deve ser uma pessoa que reúna os seguintes requisitos, ainda segundo André Luiz: discernimento, bondade e energia; hábito de estudo e oração; dignidade e respeito para com todos; afeição sem privilégios; brandura e firmeza; sinceridade e entendimento; hábito de conversação construtiva.

Ele será o principal doutrinador e terá como auxiliares dois ou três médiuns esclarecedores.

Os *médiuns esclarecedores*, também chamados *doutrinadores*, são incumbidos de dialogar com os Espíritos obsessores, ou sofredores.

Podem ser médiuns propriamente ditos, geralmente médiuns intuitivos, ou inspirados, que, como sabemos, são pessoas que captam com facilidade o pensamento dos Espíritos, com eles estabelecendo boa sintonia. Essa sintonia com os tarefeiros do Plano Espiritual é importante, porque estes conhecem mais de perto e de modo mais amplo os Espíritos a serem socorridos e orientam os doutrinadores na argumentação a ser desenvolvida no diálogo.

Na falta de médium intuitivo, poderá atuar qualquer pessoa (todos possuímos mediunidade generalizada) que tenha bom senso, profundos ou, pelo menos, bons conhecimentos da Doutrina, boa disposição, senso de observação e capacidade argumentativa. É óbvio que deverá ter experiência desse tipo de reunião mediúnica.

De qualquer forma, seja o médium esclarecedor de que natureza for, só deverá participar de modo efetivo dos trabalhos de desobsessão depois de fazer um bom estágio e ser considerado apto pelo dirigente, em sintonia com o Plano Espiritual. Na realidade, o médium esclarecedor funciona como um psicoterapeuta.

Os *médiuns psicofônicos* ou de *incorporação* são os que incorporam os Espíritos a serem socorridos, devendo ser desenvolvidos, seguros e experientes, e possuir boa formação moral e bons conhecimentos da Doutrina.

Chamam-se *psicofônicos* porque os Espíritos falam por eles (fenômeno de *psicofonia*). Eles recebem também os mentores espirituais que participam dos trabalhos no outro plano.

Os *médiuns passistas* são aqueles que ministram passes, tendo bom magnetismo.

Sua função é a de aplicar passes nos médiuns psicofônicos após terem incorporado entidades muito carregadas de maus fluidos, ou até mesmo, durante a incorporação, para tratamento fluídico do Espírito obsessor ou sofredor.

11 - André Luiz ensina que:

"Os médiuns esclarecedores e passistas, além dos deveres específicos que se lhes assinala, servirão, ainda, na condição de elementos positivos de proteção e segurança para os médiuns psicofônicos, sempre que estes forem mobilizados em serviço. Imprescindível reconhecer que todos os participantes do conjunto são equiparáveis a pilhas fluídicas ou lâmpadas, que estarão sensibilizadas ou não para os efeitos da energia ou da luz que se lhes pede em auxílio dos que jazem na sombra de espírito. Daí o imperativo do teor vibratório elevado nos componentes da reunião, a fim de que os doentes da alma se reaqueçam para o retorno ao equilíbrio e ao discernimento".[4]

## A reunião

12 - A sala da reunião deve possuir mobiliário simples, limitado a uma mesa sólida, de tamanho suficiente para abrigar os componentes da equipe à sua volta, os quais se sentarão em cadeiras de madeira, igualmente resistentes e relativamente pesadas.

---

4 Aut. cit., em *Desobsessão*, 5ª ed., cap. 20, p. 86.

A mesa não precisa ser revestida de toalha, mas se o for, deverá ser simples e de preferência branca, nada tendo sobre ela a não ser *O Livro dos Espíritos, O Evangelho Segundo o Espiritismo* e um livro de breves comentários, que desenvolva o pensamento kardequiano

Além desses móveis singelos, nada mais deve haver, salvo umas poucas cadeiras, um ou dois bancos, afastados da mesa, encostados a uma ou duas das paredes, para eventuais visitantes que forem admitidos, em número reduzido, na qualidade de observadores.

A iluminação será a normal, a ser utilizada na primeira fase da reunião, dedicada a leituras preparatórias, devendo ser reduzida durante os trabalhos. Se não forem graduáveis, as lâmpadas principais deverão ser apagadas, para dar lugar à luz de, no máximo, duas lâmpadas de 15 *watts*, de preferência de cor vermelha.

13 - Somente os componentes da equipe deverão estar presentes, mantendo-se em silêncio, ou em conversação sóbria e de teor elevado, para não prejudicar a boa psicosfera ambiental.

Em caráter excepcional, na fase preparatória dos serviços, poderá ser admitida a presença de alguns enfermos e seus acompanhantes, para a recepção de passes ou de orientação por parte dos componentes que forem designados pelo dirigente, retirando-se logo em seguida.

O ideal, porém, será que isso seja feito noutros recintos que não o da reunião, em dias e horários adequados, de acordo com a programação da casa.

14 - A fase preliminar, dedicada à edificação moral e ao favorecimento da integração vibratória do grupo, e que deverá durar, no máximo 15 minutos, consistirá na leitura de um trecho d'*O Evangelho Segundo o Espiritismo*, de uma ou duas questões d'*O Livro dos* Espíritos e de uma página do livro de comentários evangélicos. Esses livros serão guardados pelo dirigente tão logo terminem as leituras preparatórias.

Devem-se evitar comentários sobre os trechos lidos, embora, em muitos Centros, isso constitua uma prática habitual. Os Espíritos dizem que as eventuais divergências, surgidas por ocasião desses comentários prejudicam a harmonia do conjunto, necessária ao bom andamento dos trabalhos e, por outro lado, seu entretecimento prolonga a espera das entidades enfermas, quase sempre angustiadas e em grande expectativa.

Eles dizem também não ser aconselhável a leitura d'*O Livro dos Médiuns* nesse tipo de reunião. Seu estudo deve ser relegado, mais adequadamente, para a Escola de Médiuns.

Em seguida, o dirigente fará a prece de abertura, já reduzida a intensidade da iluminação do recinto, podendo ser acrescentado o cântico de um hino, que ajuda a elevar o teor vibratório dos circunstantes.

Após a prece, o dirigente designará um médium psicofônico para a manifestação inicial do mentor espiritual do grupo, que ge-ralmente faz as recomendações necessárias ao bom andamento das tarefas específicas programadas, respondendo também a eventuais consultas do dirigente. Desse modo, estabelece-se o perfeito entendimento entre os dois planos, para a consecução harmônica dos trabalhos.

15 - Seguem-se as manifestações dos enfermos espirituais, durante o período de uma hora a uma hora e meia, excluído o tempo dedicado às leituras preparatórias e à prece. A reunião terá a duração-limite de duas horas.

À medida que o dirigente for designando o médium de incorporação, este dará passividade ao enfermo espiritual, que se manifestará apresentando o estado psicológico em que se encontre, geralmente de angústia, ódio, ressentimento e desejo de vingança.

Note-se, porém, que nem todo Espírito tido como obsessor assim pode ser qualificado. Muitas vezes, trata-se de uma entidade que se imanou a um encarnado, como um náufrago em meio ao oceano. Simplesmente, ignora seu estado, não sabe que já desencarnou e se sente perdido e desvairado. O esclarecimento que lhe é ministrado ajuda-o a entrar em sintonia com seus anjo guardião e protetores, que conseguem, então, ampará-lo e restabelecer-lhe o equilíbrio mental.

Compreende-se, assim, porque se torna necessário o diálogo dos desencarnados com encarnados, para que aqueles, a quem ainda somente a matéria sensibiliza, tome consciência do seu verdadeiro estado.

16 - O diálogo entre o médium esclarecedor e o enfermo mental deve ser conduzido sem pieguismos e exageros de falsa caridade. Alguns doutrinadores têm o vício de derramar descabida e exagerada ternura sobre a entidade, chamando-o de *meu irmãozinho*, ou *minha irmãzinha*, falando-lhe numa linguagem adocicada e vazia. O Espírito percebe a falta de sinceridade e, não raro, revolta-se mais ainda. André Luiz aconselha o médium esclarecedora:"

"Cultivar o tato psicológico, evitando atitudes ou palavras violentas, mas fugindo da doçura sistemática que anestesia a mente sem renová-la, na convicção de que é preciso aliar raciocínio e sentimento, compaixão e lógica, a fim de que a aplicação do socorro verbalista alcance o máximo rendimento".[5]

O doutrinador deve dialogar com o Espírito enfermo como quem fala seriamente com um familiar, um amigo ou alguém a quem deseje orientar, restabelecendo-lhe a razão e o equilíbrio psíquico. Falar-lhe com firmeza e benevolência, mas sem afetação. Extrair suas observações e argumentos daquilo que ouve do próprio Espírito. Deve estar atento às intuições transmitidas pelo mentor espiritual. Este, muitas vezes, lhe sugere falar do passado do enfermo, revelando-lho segundo a intuição recebida e as conclusões que vai tirando da fala do próprio Espírito, para mostrar-lhe que não somente ele é vítima, como pensa, mas que, no pretérito também teve um comportamento prejudicial àquele que agora persegue, sendo recíprocas as culpas de ambos. Não raro, recebe a intuição de mandar o enfermo ver, num quadro fluídico que lhe é então mostrado, como se conduziu no passado. O médium esclarecedor terminará a doutrinação falando da Justiça Divina, da Lei da Evolução a que estamos todos sujeitos, da necessidade de perdoarmos aqueles que nos ofendem ou nos prejudicam, para que, por nossa vez, nos tornemos dignos de misericórdia. O aconselhamento, que não deve ser um discurso ostentatório de erudição

5 *Idem, ibidem*, cap. 24, p. 100.

e de virtude, deve ser sóbrio e sincero, buscando fundamento no Evangelho de Jesus.

Durante o esclarecimento, o respectivo médium poderá permanecer sentado ou levantar-se e ficar ao lado do médium psicofônico, enquanto dialoga com o comunicante.

17 - Transcrevemos, a seguir, preciosas instruções de André Luiz a esse respeito:

"Os médiuns esclarecedores permanecerão atentos aos característicos dos manifestantes em desequilíbrio, de vez que entre estes se encontram, freqüentemente, sofredores que comparecem pela primeira vez, bem como os reincidentes sistemáticos, os companheiros infelizes do pretérito alusivo aos integrantes da reunião e recém-desencarnados em desorientação franca, os suicidas e homicidas, os casos de zoantropia[6] e de loucura, os malfeitores trazidos à desobsessão para corrigendas e os irmãos tocados de exotismos por terem desencarnado recentemente em terras estrangeiras, as inteligências detidas no sarcasmo e na galhofa, os vampirizadores conscientes e inconscientes interessados na ocultação da verdade, e toda uma extensa família de Espíritos necessitados, nos vários graus de sombra e sofrimento que assinalam a escala da ignorância e da crueldade.

Imperioso observar que todos são carecedores de compreensão e tratamento adequados, cada qual na dor ou no problema em que se exprimem, exigindo paciência, entendimento, socorro e devotamento fraternais.

Desobsessão não se realiza sem a luz do raciocínio, mas não atinge os fins a que se propõe, sem as fontes profundas do sentimento".[7]

18 - Durante a manifestação do enfermo espiritual, a atitude de todos os componentes da equipe deve ser de imprescindível cooperação mental, sem pensamentos recriminatórios e com vibrações de simpatia e solidariedade para com o manifestante, desejando sua recuperação, como se se tratasse de um familiar.

---

6 Pertubação mental em que o enfermo se acreditá transformado em animal.

7 *Idem, ibidem*, cap.36, pp.139 e 140.

Os médiuns psicofônicos, muitas vezes, sentir-se-ão pressionados pela angústia dos Espíritos sofredores a lhes permitir a manifestação imediata, mas deverão manter o domínio, só lhes dando passividade quando autorizados pelo dirigente. Este poderá permitir manifestações simultâneas, no máximo, de duas por vez, desde que não prejudiquem a clareza do diálogo entre o médium esclarecedor e o enfermo espiritual.

O dirigente providenciará também para que os médiuns de incorporação não dêem mais de duas passividades por reunião, as quais não deverão ser seguidas, mas sim alternadas com as dos outros médiuns, para poupar-lhes dispêndios de energia desnecessários.

19 - Durante as manifestações dos enfermos, estes podem apresentar-se num estado de empedernimento muito acentuado, do mesmo modo que pode ocorrer simultaneamente um desequilíbrio da mente mediúnica. O incidente pode ser sanado pela intervenção espontânea do mentor espiritual, ou por solicitação a este do dirigente (que indicará o médium que lhe servirá de instrumento psicofônico), para que reforce o trabalho de esclarecimento. Outras vezes, o dirigente poderá interromper o esclarecimento, para que toda a equipe faça uma prece em favor do comunicante. Outra medida que pode tomar é a de designar um médium passista para ministrar passes na entidade incorporada no médium psicofônico.

20 - Terminadas as manifestações dos Espíritos em desequilíbrio, o dirigente concederá três a quatro minutos para o refazimento dos médiuns, mediante prece íntima e para formação de corrente mental com vibrações de harmonia, saúde e paz e radiações em favor daqueles, dos sofredores e dos enfermos em geral.

Após as radiações, por orientação do dirigente, os médiuns passistas levantar-se-ão e ministrarão passes a todos os componentes do grupo, para refazimento das energias , porquanto os trabalhos de desobsessão exigem grande dispêndio delas, não só dos médiuns de incorporação, mas de todos que deles participam.

21 - Em seguida, o dirigente solicitará silêncio e a continuidade da atenção, e designará um médium psicofônico para eventual manifestação final do orientador espiritual da reunião ou de algum

outro instrutor desencarnado, podendo-se gravar suas mensagens, desde que o gravador tenha sido previamente preparado, evitando-se improvisações.

22 - Recebidas as mensagens dos instrutores espirituais e tendo estes declinado de fazê-lo, o que será comunicado pelo médium designado, o dirigente fará concisa prece final e encerrará a reunião.

**Observações finais relativas ao pós-reunião**

23 - Encerramos este capítulo com as sempre oportunas e sábias observações de André Luiz, a respeito do estudo construtivo das passividades:

"É interessante que dirigente, assessores, médiuns psicofônicos e integrantes da equipe, finda a reunião, analisem, sempre que possível, as comunicações havidas, indicando-se para exame proveitoso os pontos vulneráveis dessa ou daquela transmissão.

As observações fraternas e desapaixonadas, nesse sentido, alertarão os companheiros da mediunidade quanto a senões que precisem evitar e recordarão aos encarregados do esclarecimento pequenas inconveniências de atitude ou palavras nas quais não devem reincidir.

De semelhante providência, efetuada com o apreço recíproco que necessitamos sustentar uns para com os outros, resultará que todos os componentes da reunião se investirão, por si mesmos, na responsabilidade que nos cabe manter no estudo constante para a eficiência do grupo.

Se os médiuns esclarecedores julgam conveniente a atenção desse ou daquele médium psicofônico em determinado tema de serviço espiritual, chamá-lo-ão a entendimento particular, evitando-se a formação de susceptibilidades, salientando-se que os próprios médiuns psicofônicos, se libertos de teias obsessivas, são os primeiros a se regozijarem com o exame sincero do esforço que apresentam".[8]

---

8 Idem, ibidem, cap. 60, pp. 209 e 210.

## Capítulo XV

# TRANSCOMUNICAÇÃO INSTRUMENTAL

***Sumário: Como surgiu. - A Igreja católica e a transcomunicação instrumental. - Chamadas telefônicas do além. - A transcomunicação instrumental no Brasil. - O SPIRICOM e o VIDEOCOM. - Transcomunicação instrumental e mediunidade.***

## Como surgiu

1 - *Transcomunicação instrumental* - TCI - é o intercâmbio entre os Espíritos e os homens por meio de aparelhos eletrônicos, tais como gravadores, telefones, rádios, aparelhos de televisão e computadores.

É um tema novo, a respeito do qual nos sentimos no dever de dar notícia, no final deste nosso livro, embora a matéria não se inclua propriamente no capítulo da mediunidade. Esta, como sabemos, é um meio de comunicação entre o mundo visível e o invisível, instrumentado pelo Espírito encarnado. Convencionou-se chamá-lo *transcomunicação mediúnica* - **TCM**.

Na transcomunicação instrumental - **TCI** - o intercâmbio entre esses dois mundos é feito por meio de aparelhos eletrônicos. Não sei se podemos afirmar que ela prescinda de modo absoluto da mediunidade. Este é um ponto que discutiremos no decorrer deste capítulo. O que podemos dizer por enquanto, sem medo de errar, é que a transcomunicação instrumental se está esforçando, pelas tentativas dos seus entusiastas, por se tornar um meio de comunicação puramente eletrônico.

2 - Na Introdução do livro de Peter Band, *Os Espíritos Comunicam-se por Gravadores (edição EDICEL),* assinala-se que,

desde 1959, um grande número de cientistas, técnicos em eletrônica, psicólogos e amadores têm-se empenhado na gravação de fenômenos vocais eletrônicos de origem ignorada, que se manifestam estranhamente em fitas comuns de gravação eletromagnética. Após demoradas pesquisas, formou-se a teoria de que essas vozes procederiam do além-túmulo.

O fenômeno consiste no fato de gravadores de fita deixados em "on" (ligados) em janelas, ou em lugares ermos, ou mesmo no interior de uma sala, captarem vozes de tonalidades as mais diversas e em diferentes idiomas, muitas das quais foram identificadas como de pessoas já falecidas.

3 - Costuma-se dizer que a transcomunicação instrumental surgiu com o suíço Friedrich Jürgenson, nas proximidades de Estocolmo, em meados do ano de 1959. Esse pioneiro, pintor e cantor de ópera, tornou-se também um cineasta, tendo realizado três documentários sobre Pompéia, um filme sobre o prodígio do sangue de São Genaro, em Nápoles, e outro sobre a Basílica de São Pedro e o Papa Paulo VI e os seus colaboradores.

Ele chegou a ser encarregado pelo Vaticano de pintar as escavações feitas sob a mesma Basílica, em Roma.

Em 12 de junho de 1959, ele planejara registrar o canto dos pássaros, nas cercanias de Estocolmo, para o que deixou seu gravador ligado durante a noite. Pela manhã, ao tentar ouvir a fita, teve a extraordinária surpresa de ouvir um solo de trompete e uma voz de homem a falar, em norueguês, sobre o canto dos pássaros noturnos. Teve a impressão de que a gravação terminava realmente com um canto de pássaro. Atribuindo o fato a algum desarranjo do gravador, em virtude do qual o aparelho teria captado emissões de rádio, mandou verificá-lo, mas nada de errado foi encontrado.

A história se repetiu por mais de uma vez. Um mês depois da primeira experiência, uma voz foi registrada no gravador, chamando-o pelo seu nome, em alemão e de outra feita, em italiano. Mais adiante, disseram-lhe que ele estava sendo observado.

As vozes não eram nítidas e ele teve de treinar os ouvidos para percebê-las. Quis desistir, mas, pelas próprias e estranhas vozes, foi instado a prosseguir. Sua surpresa foi enorme quando, entre as vozes registradas no gravador, distinguiu a de sua própria mãe, falecida havia quatro anos.

Jürgenson era poliglota e pôde compreender as vozes que lhe falavam em vários idiomas, isto é, misturando na mesma frase palavras em várias línguas. Suas dúvidas se dissiparam ante o raciocínio de que nenhuma estação de rádio transmite programas com essas características. Além do mais, os estranhos comunicadores lhe falavam de seu trabalho, de sua família e lhe apresentavam conhecidos seus já defuntos.

4 - Empenhou-se também nessas experiências o psicólogo letão Dr. Konstantin Raudive, que publicou o resultado de suas pesquisas, na Alemanha, em 1968, num livro sob o título *O Inaudível torna-se Audível.* A respectiva edição inglesa tem o título "*Breakthrough: An Amazing Eperiment in Electronic Communication with the Dead*".[1]

As mais diversas análises foram empreendidas na tentativa de verificarem-se as causas dessas gravações. Seriam captações de interferências ou ondas de rádio ocasionais? A única conclusão a que chegaram os pesquisadores, após cinco anos de tentativas para solucionar o mistério, foi a de que as vozes seriam de origem paranormal, o que ainda hoje se discute.

Muitas dessas chamadas *vozes eletrônicas* foram reconhecidas como de pessoas falecidas, que tinham ligações familiares com os próprios pesquisadores, sendo a maioria dessas pessoas cépticas e negativistas. Entre estas estava o próprio Peter Band, que, anteriormente encarregado de apreciar os originais, recomendara ao editor Colin Smythe a não publicação do livro de Raudive. Durante as reuniões realizadas para avaliação das gravações feitas por este, no entanto, numa delas surgiu inesperadamente a voz da própria mãe

---

1 "*Breakthrough*", em inglês, significa *ação de remover obstáculo.* Podemos, portanto, traduzir essa palavra por *abertura* ou *desbravamento.* O termo tem sido traduzido também por "entrada numa nova dimensão". O resto do título é: *Uma Experiência Divertida em Comunicação Eletrônica com os Mortos.*

de Peter Band! Isto o fez mudar de opinião sobre o fenômeno, que se tornou conhecido pela sigla *EVP* (*"Electronic Voice Phenomenon"* = Fenômeno da Voz Eletrônica), levando-o a associar-se a Colin e a entusiasmar-se com a publicação do livro do Dr. Konstantin Raudive.

5 - A respeito desse fenômeno, Robert Crookall, Doutor em Filosofia e Ciências, afirmou: "Estou convencido de que se trata das vozes dos mortos". Peter A. Hale, físico, concluiu: "Não posso explicar o fenômeno das vozes em termos físicos normais". O Reverendíssimo Monsenhor Prof. C. Pleger foi peremptório: "É a realidade, apoiada pela experiência e pelas provas à disposição de todos, comprovando que os mortos vivem e podem comunicar-se conosco". O produtor Gay Birne, da televisão irlandesa, ficou espantado, ao assistir pela primeira vez a uma gravação, quando Pan Collins, pesquisadora oficial da TV Telefis Eirean, lhe gritou: "Sua mãe, Gay, sua mãe!"

## A Igreja Católica e a transcomunicação instrumental

6 - O Padre François Brune, sacerdote católico, da ordem de São Sulpício, nascido na França, detentor de vários títulos universitários de relevo, se tem destacado como entusiasta da transcomunicação instrumental. A EDICEL já publicou dois livros dele sobre esse tema: *"Os Mortos nos Falam"* e *"Linha Direta do Além - Transcomunicação instrumental: realidade ou utopia?"* Este último escrito de parceria com o biólogo e pesquisador em Parapsicologia, Rémy Chauvin.

Encontramos, no último livro citado, um interessantíssimo depoimento do Pe. François Brune, sob o título *Incidente Bizarro na Universidade Católica de Milão*, que passamos a transcrever:

"Parece, de fato, que o primeiro caso de voz gravada, e identificada como proveniente do além, tenha acontecido em Milão, no laboratório de Física Experimental da Universidade Católica. Ali, dois bons padres estavam realizando experiências: o padre Agostino Gemelli, físico de renome, fundador daquela universidade, e então presidente da Academia Pontifícia, e o padre Pellegrino Emetti, beneditino, físico também, especialista em música pré-polifônica. Eles tentavam filtrar cantos gregorianos para eliminar os harmônicos. Ainda não havia gravadores com fitas, mas apenas com fio. Este fio se rompia com freqüência, e então era necessário dar-lhe um nó, tão fino quanto possível, para não prejudicar a escuta, mas suficientemente sólido.

Naquele dia, 17 de setembro de 1952, o fio acabara de se romper, mais uma vez, e o padre Gemelli havia exclamado: "Oh, papai, me ajude!", como tinha o hábito de dizer há muitos anos, desde a morte de seu pai. Uma vez feito o conserto, os dois padres começaram a escutar novamente a fita, ou melhor, o fio. Mas, ao invés do canto gregoriano esperado, ouviram, estupefatos, a voz do papai: "Claro que o ajudo, estou sempre com você!"

Padre Emetti, que me contou a história, disse-me que, naquele exato momento, padre Gemelli teve um enorme choque. Mas padre Emetti estimulou-o a prosseguir e fazer uma nova tentativa. Obtiveram, então, a mesma voz, perfeitamente reconhecível, que dizia em tom levemente irônico: "Mas claro, bobão (*zuccone*), você não está vendo que sou eu mesmo?" *Zuccone* é um tipo de abóbora grande, e era o termo afetuoso que seu pai, enquanto vivo, empregava sempre que se dirigia a ele.

O acontecimento pareceu-lhes bastante importante, e logo decidiram levá-lo ao conhecimento do papa Pio XII. O bom padre Gemelli estava tão confuso por ter que narrar semelhante história que, ao entrar no gabinete do papa, pediu ao padre Emetti que fizesse ele mesmo o relato. Pio XII tranqüilizou padre Gemelli:

> Meu caro Padre, fique tranqüilo. Trata-se de um fato estritamente científico e nada tem a ver com o espiritismo. O gravador é um aparelho objetivo que não pode ser sugestionado: ele capta e registra as vibrações sonoras de onde quer que venham. Esta experiência poderá, talvez, marcar o início de um novo estudo científico que virá a confirmar a fé no além "

O Pe. Brune termina seu relato com a seguinte profissão de fé:

"Estou convencido da autenticidade do texto que acabo de citar, pois foi o próprio padre Emetti que, após contar-me em detalhes a história, fez chegar a mim o número da revista *Astra*, onde o mesmo aparece. (Nº de junho de 1990, pp. 90-91.)" [2]

De tudo isso resulta que a Igreja não contesta o fato. Faz questão, apenas, de que ele não seja classificado como do âmbito do Espiritismo. Cautela inócua, porquanto se o episódio diz respeito à comunicação de um Espírito, é um *fato espírita*.

## Chamadas telefônicas do além

7 - Não só os gravadores de fita magnética têm registrado vozes dos mortos. Elas se têm feito ouvir também pelo telefone.

Um artigo de Theo Locher, presidente da Associação Suíça de Parapsicologia, citado pelo Pe. Brune, analisa esse assunto em dois números (abril e agosto de 1986) do *Parastimme*, boletim da Associação Alemã de Transcomunicação.

Livros já têm sido publicados a esse respeito. O referido Theo Locher assinala dois deles: um de S. Ralph Harlow, "*A Life After Dead" (Vida Depois da Morte)*, e outro, de Scott Rogo, "*Phone Calls from the Dead" (Os Mortos Chamam por Telefone)*, que analisa cinqüenta casos entre os setenta reunidos pelo autor e Raymond Bayless, durante três anos de intenso trabalho.

Os telefonemas vêm de familiares falecidos das pessoas chamadas. A identificação dos *mortos* é análoga à que é feita pelos gravadores. Eles se esforçam em convencer as pessoas chamadas, utilizando uma ou mais particularidades que os caracterizava quando ainda vivos no nosso plano. Os motivos das chamadas variam: atender a um apelo, como o do Pe. Gemelli, o desejo de testemunhar que continuam vivos depois da morte, bem como o de tranqüilizar e consolar os familiares aqui deixados.

8 - É ainda Pe. Brune que cita o caso da famosa atriz Ida Lupino

---

2 Aut. cit. e ob. cits., 2ª ed. pp. 48 e 49.

Quando ela vivia em Los Angeles, durante a Segunda Guerra Mundial, recebeu uma chamada telefônica de seu pai, morto há seis meses.

A casa da família, em Londres, acabara de ser destruída por uma bomba, e a família encontrava-se em situação muito difícil por não ter o respectivo título de propriedade

Seu pai revelou-lhe, de modo muito preciso, o lugar do porão onde havia escondido seus documentos.

Essas indicações foram comunicadas a Londres, os documentos foram facilmente encontrados e tudo voltou à normalidade. Uma amiga dessa atriz, a senhora Pendleton, testemunhou o chamado telefônico e confirmou a autenticidade do relato.[3]

## A transcomunicação instrumental no Brasil

9 - Entre nós, vários estudiosos se têm ocupado do assunto. Podemos citar, o Dr. Hernani Guimarães Andrade, sob o pseudônimo Karl W. Goldstein, autor do livro *Transcomunicação Instrumental*, publicado pela Editora Jornalística Fé Ltda. ( cujo órgão de divulgação é a *Folha Espírita,* de São Paulo).

Nos primeiros anos da proclamação da República, um português, de sobrenome Cambraia, naturalizado brasileiro, requereu privilégio de invenção (patente) para um aparelho destinado a fazer comunicação entre os mortos e os vivos. O fato causou profunda admiração à época (1905), mas, posteriormente, caíu no esquecimento. Voltou à tona com as pesquisas de outro estudioso do tema, o baiano de Feira de Santana, Clóvis de Souza Nunes, autor do livro *Transcomunicação*, publicado pela EDICEL.

É ainda o mesmo pesquisador que nos fala de Oscar D'Argonnel, que, também no primeiro quarto deste século, ao chegar em casa, de volta de uma sessão espírita de materialização, teve a espantosa surpresa de receber um telefonema do além. A voz dizia

---

3 Aut. e ob. cits., p. 46.

ser o Padre Manoel, mentor espiritual da referida reunião. Daí em diante, os telefonemas do Pe. Manoel tornaram-se freqüentes, chegando ao cúmulo de ligar para D'Argonnel, na repartição pública onde este trabalhava.

Oscar D'Argonnel é autor do livro: *Os Espíritos se Comunicam por Telefone*, segundo Clóvis Nunes, que afirma ter compulsado um exemplar dessa publicação na Biblioteca Nacional.

Dois outros brasileiros se têm destacado nesse campo de pesquisa.

Um deles, Ney Prieto Peres, um dos fundadores do Instituto Brasileiro de Pesquisas Psicobiofísicas (IBPP) e do Instituto Nacional de Terapia de Vivências Passadas (INTVP) de São Paulo, foi o primeiro a contatar o conhecido Prof. Hemendra Nath Banarjee, da cidade de Jaipur, Índia, que esteve no Brasil várias vezes. Foi Ney Prieto também que patrocinou a vinda ao Brasil de Morris Netherton, especialista na técnica da Terapia de Vidas Passadas.

O outro é Wilson Picler, professor de Psicotrônica na Faculdade de Ciências Bio-Psíquicas do Paraná, em Curitiba, onde dirige o Instituto Nacional de Pesquisas Psicobiofísicas (INPP). No 7º Congresso Internacional sobre o Estudo das Zonas Fronteiriças da Ciência, que teve como tema *Transcomunicação, Diálogo com o Desconhecido*, ele apresentou, em *workshop*, um sofisticado aparelho Kirlian e um Spiricom de sua invenção, que foram muito apreciados pelos participantes, entre os quais se achavam George W. Meek, Ernst Senkowski e esposa, R. Determeyer, A. Schneider, o casal Thomas e Jeanne Love, M. Simonet e V. Resnik.[4]

## O SPIRICOM e o VIDEOCOM

10 - Nos Estados Unidos, as pesquisas de transcomunicação instrumental tiveram grande impulso, a partir de 1970, com os tra-

---

4 Cf. Karl W. Goldstein, em *Transcomunicação Instrumental*, Coleção Folha Espírita, Volume 1, São Paulo, 1992, pp. 79 e 80.

balhos desenvolvidos por George Meek, engenheiro, membro da Academia de Ciências de Nova Iorque, da Sociedade Americana de Engenheiros Mecânicos e do Clube de Engenheiros.

Detentor de uma pequena fortuna originária da exploração de inúmeras patentes de invenção, tendo-se aposentado aos sessenta anos de idade, reuniu um grupo composto de físicos, psiquiatras e parapsicólogos e, com esse pessoal, empreendeu uma viagem em redor do mundo, seguida de outras para a Europa, África, Austrália, América do Sul, China e várias Repúblicas da União Soviética, para realizar pesquisas relacionadas com esse fascinante capítulo da comunicação eletrônica com aqueles que se encontram do outro lado da vida.

11 - Numa reunião realizada na Filadélfia, um médium lhe disse ter recebido uma mensagem do Espírito de um cientista morto há alguns anos, dizendo-se disposto a ajudar engenheiros ou técnicos a criar aparelhos eletromagnéticos destinados à comunicação entre o mundo visível e o invisível.

Ele não tardou a encontrar esse médium: William O' Neil., que era vidente e audiente, cujo primeiro contato foi com um Espírito que se disse chamar Doc Nick, falecido há cinco anos. Posteriormente, o médium comunicou-se com o Dr. George Müller, físico notável, que morrera em 1967.

George Meek, que havia criado a Metascience Foundation Inc., da qual se tornou presidente, dedicou-se, com sua crescente equipe, a uma séria tentativa de inventar um aparelho que pudesse realizar a tão desejada transcomunicação, com a ajuda dos referidos cientistas do além, e a intermediação do médium William O' Neil, ou simplesmente Bill O' Neil.

12 - No dia 6 de abril de 1982, Meek anunciou ao mundo que onze anos de pesquisas haviam resultado num sistema de comunicação entre os dois planos de vida, constituído de um aparelho que chamou de SPIRICOM (termo formado com as primeiras sílabas de *Spirit* e *Communication*), acentuando que essas pesquisas evidenciaram que a mente, os bancos de memória e a personalidade sobrevivem à morte do corpo físico. Acrescentou que o SPIRI-

COM Mark IV, o último aparelho por ele inventado após os três modelos iniciais, ainda que muito elementar, era o ponto de partida de um sistema que, um dia, seria aperfeiçoado para possibilitar a conversação com pessoas (Espíritos) situadas em altos níveis de consciência (planos extrafísicos).

George Meek havia contado com a colaboração de um engenheiro eletrônico e amigo, titular de mais de 80 patentes. De sua equipe fazia parte o já referido médium William (Bill), que era também técnico eletrônico. Por intermédio dele, estabeleceu-se contato com o Espírito Doc Nik, também já mencionado, que em vida fora médico e radioamador. Com sua colaboração, foi obtida a primeira comunicação radiofônica entre os dois mundos, em 27 de novembro de 1977.

13 - Mais tarde, foi feito contato com aquele que se tornaria o grande colaborador desencarnado da equipe, Dr. George Jeffries Müller, que, para comprovar sua morte, indicou a Meek onde poderia encontrar sua certidão de óbito.

Com sua ajuda, estabeleceram-se repetidas comunicações, embora nem sempre nítidas, que constam dos anais da Metascience Foundation, em Franklin, nos Estados Unidos.

14 - Após o relativo sucesso com o SPIRICOM, Dr. George W. Meek e sua equipe passaram a trabalhar no projeto VIDEOCOM, que é um embrionário sistema de televisão entre os dois planos. Foram obtidas imagens do além, embora também não muito nítidas.

Dr. George Müller confessou haver problemas de freqüência, que dificultavam as comunicações.

### Os mortos se comunicam com os vivos também por computadores?

15 - A transcomunicação instrumental começou, como vimos, pelo fenômeno das vozes eletrônicas, isto é, pelo registro de vozes, identificadas como de pessoas falecidas, em gravadores que tinham ficado ligados para outros fins.

Sem que alguém estivesse pensando nisso, ou pesquisando nessa área, surgiram também as chamadas telefônicas do além. Mas essas chamadas são sempre de lá para cá.

Ninguém conseguiu ainda chamar por telefone alguém que esteja do outro lado da vida.

Esse foi também um dos pontos assinalados por George Meek, ao longo das suas pesquisas com o SPIRICOM. A esse respeito, ele registrou no relatório de suas experiências: "Nem nós, nem nossos dois melhores comunicadores, sabemos como eles (os Espíritos) fazem contato conosco. Nós não podemos "discar" para determinada pessoa".

Já sabemos também que Meek tem desenvolvido suas tentativas de transcomunicação por meio de rádio (o Spiricom) e de televisão (o Videocom).

16 - Outros experimentadores têm relatado casos de captação de imagens do mundo invisível e dos seus habitantes por meio de fotografias e de televisão. Essas imagens surgem espontaneamente entre aquelas cujo registro seria normal. Noutras palavras, em meio das fotografias de pessoas vivas, ou de programas de televisão normais, aparecem as referidas imagens.

O Pe. François Brune nos fala também de um outro sistema de transcomunicação instrumental, quando se refere às fantásticas pesquisas do Pe. Emetti com o *cronovisor*, que capta imagens e vozes de defuntos, mas no momento de suas vidas na Terra. Como exemplo, cita que, lá pela metade dos anos 70 (naturalmente, 1970), ter-se-ia captado o som e as imagens de uma tragédia antiga, encenada em Roma em 169 A. C. Tratar-se-ia de Tieste, de Quintus Ennius, tragédia hoje quase que completamente perdida.[5]

17 - A Editora EDICEL, de Brasília, DF, lançou, recentemente, um livro do inglês Ken Webster, cujo título é: *Os Mortos Comunicam-se por Computadores?*

---

5 Aut. e ob. cits., pp. 38 e 39.

Trata-se de um relato daquele cidadão britânico sobre um fato surpreendente. Estando a trabalhar num computador, em sua casa no Reino Unido, na qual estava realizando obras de reforma, teve de ausentar-se temporariamente do local, e deixou o computador ligado.

Ao retornar e retomar o trabalho no computador, nele encontrou uma mensagem de um desconhecido, que supôs ser produto de alguma interferência. Mas, analisando atentamente o conteúdo da mensagem, teve a surpresa de saber que ela se dizia da autoria de alguém que se intitulava proprietário daquela casa há quatrocentos anos e que não admitia que ele nela fizesse qualquer reforma.

No referido livro, o autor faz esse e outros relatos, sem, no entanto, admitir que se trate efetivamente de uma mensagem proveniente do outro mundo. Por isso, fez questão de nada afirmar, apenas interrogando: ***Os Mortos comunicam-se por Computadores?***

18 - No Brasil também já foram captadas mensagens em microcomputador.

Karl W. Goldstein narra, no seu livro citado, que, numa noite de dezembro de 1985, um rapaz elaborou um programa no seu computador e, quando o pôs em operação, verificou que a tela não mostrava senão uma confusão de sinais em lugar do esperado. O jovem resolveu fazer uma verificação da fita onde registrara o programa, fazendo-a correr em um gravador. Para sua surpresa, surgiu um ruído forte e, em meio ao chiado ouviu a voz de seu pai, falecido um ano antes, enviando uma mensagem de Natal à família, concitando os filhos e a esposa a permanecerem sempre unidos, como tinham estado até então.

## Transcomunicação instrumental e mediunidade

19 - Voltando à questão do referido relatório de George Meek a respeito do SPIRICOM, outro problema por ele assinalado foi o fato de os Espíritos não possuírem aparelho vocal. Por isso, tornase necessária a presença de um médium por ocasião dos testes.

Essa presença teria por finalidade o fornecimento do ectoplasma necessário para a materialização da voz.

Por isso, dizíamos, no início deste capítulo, que o fenômeno da transcomunicação instrumental não parece estar desvinculado da mediunidade. Pelo menos, assim teria sido no seu estágio inicial. Alguns pesquisadores contemporâneos, no entanto, afirmam que determinadas modalidades de transcomunicação instrumental já prescindem do concurso mediúnico.

20- A hipótese que formulamos no item anterior tem por fundamento uma declaração do Dr. Meek a respeito do estado das experiências naquele ano de 1982.

Entre os pontos por ele focalizados, há um em que assinala que o tipo de equipamento com o qual é obtida a transcomunicação "parece necessitar do fornecimento de uma energia física, ectoplásmica, bioplásmica ou etérea". E acrescenta, referindo-se ao médium William O'Neil, que somente um dos membros da equipe eletrônica "parece ser capaz de fornecer a energia necessária". Anota também que nessas experiências, os pesquisadores lidam com um tipo de energia a respeito da qual a ciência dos dias de hoje ignora quase tudo.

21 - Nós sabemos que os Espíritos necessitam do fluido animal para poderem atuar sobre a matéria.

Kardec, n'*O Livro dos Médiuns*, exemplifica com o teclado de um piano, quando nele um Espírito executa uma partitura. O Codificador, reproduzindo a elucidação dos Espíritos, explica que as teclas não são tangidas pela pressão dos dedos da entidade exe-cutante, embora esta até possa assim supor, se pouco evoluída, mas sim pelos fluidos fornecidos pelo médium. O fluido do perispírito penetra a matéria e com ela se identifica, animando-a de vida factícia. Quando o Espírito põe os dedos sobre as teclas, anima-as, como o faz com a mesa girante, e as teclas, obedecendo-lhe à vontade, se abaixam e tangem as cordas do piano.[6]

---

6 V. LM, 2ª Parte, IV, 74, XXIV.

22- Nas experiências iniciais da transcomunicação instrumental, as vozes dos Espíritos só se produziam mediante o fornecimento de ectoplasma. Da mesma forma, para a formação das imagens - que depende de determinado grau de concentração de energia para que possa sensibilizar o sistema televisivo - era imprescindível o ectoplasma. Sabemos que, nos fenômenos de efeitos físicos, somente este pode ocasionar a materialização do Espírito, para que sua imagem impressione a tela do televisor.

Outra solução poderá acontecer de modo natural daqui a algumas dezenas ou centenas de anos (quem poderá dizê-lo?), quando a Terra, transformada em mundo de regeneração, passar a ter por habitantes seres humanos cuja expressão corpórea seja menos densa que a atual. O alcance do seu aparelhamento sensorial seria muito mais amplo, podendo, portanto, captar vibrações mais sutis, provindas do plano espiritual. Os aparelhos eletrônicos utilizados na transcomunicação possuem um potencial que é sempre compatível com o grau da capacidade sensorial do homem.

É possível, no entanto, que a tecnologia de ambos os planos da vida possa antecipar a realização de fenômenos transcomunicativos instrumentais diretos, isto é, sem o concurso mediúnico, como alguns pesquisadores afirmam já estar acontecendo.

Cumpre ao homem, encarnado e desencarnado, laborar para a melhoria constante das condições do mundo em que vive, utilizando os dons de inteligência que lhe foram concedidos pela Bondade Divina.

E a Humanidade perlustrará as sendas da evolução, sempre na busca incontida de tornar melhores as condições do mundo em que vive, para lhe proporcionar a sonhada felicidade.

# ÍNDICE ALFABÉTICO E REMISSIVO

***As referências, na ordem em que são feitas, indicam: 1º) o número do capítulo (em algarismos romanos); 2º) o número do item (em algarismos arábicos).***

* * *

**Livros da Federação Espírita Brasileira**

**Francisco Cândido Xavier e Waldo Vieira**

## MECANISMOS DA MEDIUNIDADE

Tomando por base as ciências físicas do mundo terrestre, o erudito Espírito *André Luiz* realiza, através dos dois médiuns mineiros, elucidativo estudo, deveras original, dos intrincados mecanismos da mediunidade.

O livro se inicia em termos de eletricidade e magnetismo, ressaltando as teorias modernas; caminha, numa exposição fascinante, rumo a outras complexas questões da Física e da Fisiologia, que o Autor vai inteligentemente relacionando com inúmeros problemas e aspectos da mediunidade e outros correlatos, como o são os do animismo e do hipnotismo; perpassa pelos fenômenos da ideoplastia, do desdobramento natural e da obsessão; aprofunda-se no nebuloso domínio da elaboração mental, e termina exaltando o valor da prece e do Evangelho, esteios insubstituíveis da mediunidade com Jesus.

## Carlos Imbassahy

## O ESPIRITISMO À LUZ DOS FATOS

Em realidade, é das obras mais vigorosas do conhecido e inigualável polemista. Bem poucas obras estrangeiras, do mesmo gênero, se igualam no conjunto a esta do Dr. Carlos Imbassahy.

Em grosso volume de 404 páginas, demonstra o Autor a realidade insofismável do Espiritismo, através dos maravilhosos fatos que o atestam, opondo cerrada argumentação às objeções formuladas à parte científica de nossa Doutrina.

São refutados, com as mais robustas provas e numa linguagem leve e cativante, os autores que se vêm manifestando contra o Espiritismo e lhe negando a parte que lhe cabe no quadro das ciências, ou lhe contestando o fundamento que possui para inscrever-se naquele quadro, sendo mirados de preferência os autores que procuram desmoralizar a prática da Doutrina Espírita.

Todo espírita deve ler este livro e oferecer um exemplar aos amigos descrentes.

**Martins Peralva**

## O PENSAMENTO DE EMMANUEL

Estabelece a correlação entre a mensagem de Jesus, Kardec e Emmanuel, constatando a harmonia de suas assertivas. Através do estudo de itens de "O Livro dos Espíritos", interpreta os seguintes assuntos: mundos habitados; reencarnação e hereditariedade; sexo e amor; aborto; eutanásia e suicídio. Enfatiza o esclarecimento e o consolo das lições de Kardec e Emmanuel, orientando o pensamento da humanidade na direção da felicidade com Jesus.

## MEDIUNIDADE E EVOLUÇÃO

Evidencia a mediunidade, objetivando esclarecer aos que se interessam pelos temas mediúnicos e aos que trabalham na condição de medianeiros entre o mundo espiritual e o plano físico. Através de 45 capítulos de estudos, aborda temas como: escolhos da mediunidade, materialização e pensamento. Demonstra que o trabalho mediúnico com Jesus conduzirá o homem pelas vias da evolução, libertando-o do "homem velho" para que surja o homem espiritualmente novo.

**Yvonne A. Pereira**

## DEVASSANDO O INVISÍVEL

A obra é um relato impressionante do que a médium, em desdobramento espiritual, vai vendo, ouvindo e mesmo vivendo no mundo dos Espíritos, sobressaindo, aqui e ali, preciosas lições doutrinárias acerca dos mais diferentes assuntos.

Sob a orientação de elevados Instrutores, o Espírito da médium é conduzido, ora a regiões superiores da Espiritualidade, ora a verdadeiros abismos infernais, a fim de sentir, mais de perto, os dramas e as comédias, as dores e as alegrias que continuam a envolver as criaturas humanas nos planos invisíveis do Além.

É livro para ser lido e meditado profundamente.

Carlos Bernardo Loureiro

# AS MULHERES MÉDIUNS

Sobejamente conhecido no Movimento Espírita nacional, o escritor e jornalista Carlos Bernardo Loureiro englobou nesta obra estudos biográficos de quase uma centena de mulheres-médiuns, entre brasileiras e estrangeiras, sendo-lhes focalizadas as experiências e trabalhos mediúnicos.

Muitas dessas mulheres se submeteram aos maiores sacrifícios e humilhações, para provar que o Espírito existe e sobrevive à morte do corpo físico.

A elaboração deste livro exigiu do autor vasta pesquisa em obras de diferentes países e línguas, trazendo-nos ao conhecimento inúmeras personalidades femininas pouco notórias, mas portadoras de apreciadas faculdades mediúnicas, entre inteligentes e físicas.

Fatos e mais fatos observados em investigações conduzidas por pessoas idôneas ou por sábios cientistas e pesquisadores, e apresentados numa linguagem fluente e acessível a qualquer leitor, tornam esta obra quase que única, achando-se incluído um capítulo só de médiuns católicas, entre elas algumas canonizadas.

Esta obra vem reverenciar a mulher em sua missão providencial de médium.

